Programmieren mit FORTRAN 77 für Ingenieure

Von Dr. rer. nat. Wolfgang Brauch
Professor an der Fachhochschule
Ravensburg - Weingarten

2., überarbeitete Auflage
Mit 44 Bildern, 56 Beispielen
und 50 Aufgaben mit Lösungen

B. G. Teubner Stuttgart 1985

Prof. Dr. rer. nat. Wolfgang Brauch

Geboren 1925 in Naumburg/Saale. Von 1947 bis 1952 Studium der Geophysik an der TU Clausthal/Harz. Nach zweijähriger Industrietätigkeit wiss. Assistent bei Prof. Dr.phil. Karl Jung am Institut für Geophysik in Clausthal. Von 1958 bis 1965 Dozent für Mathematik und Physik an der Staatl. Ingenieurschule Hannover. Seit 1965 Professor für Mathematik und Datenverarbeitung an der Fachhochschule Ravensburg - Weingarten.

CIP-Kurztitelaufnahme der Deutschen Bibliothek

Brauch, Wolfgang:
Programmieren mit FORTRAN 77 für Ingenieure / von Wolfgang Brauch. - 2., überarb. Aufl. - Stuttgart: Teubner, 1985.
   (Teubner-Studienskripten ; 94 : Datenverarbeitung)
   ISBN 3-519-10094-0

NE: GT

Das Werk ist urheberrechtlich geschützt. Die dadurch begründeten Rechte, besonders die der Übersetzung, des Nachdrucks, der Bildentnahme, der Funksendung, der Wiedergabe auf photomechanischem oder ähnlichem Wege, der Speicherung und Auswertung in Datenverarbeitungsanlagen, bleiben, auch bei Verwertung von Teilen des Werkes, dem Verlag vorbehalten.

Bei gewerblichen Zwecken dienender Vervielfältigung ist an den Verlag gemäß § 54 UrhG eine Vergütung zu zahlen, deren Höhe mit dem Verlag zu vereinbaren ist.

© B. G. Teubner Stuttgart 1985

Printed in Germany
Gesamtherstellung: Beltz Offsetdruck, Hemsbach/Bergstr.
Umschlaggestaltung: W. Koch, Sindelfingen

VORWORT

Dieses Buch wendet sich an Studenten im technischen Hochschulbereich und Ingenieure der Praxis. Das Lernziel besteht im Erwerben der für einen Ingenieur notwendigen Grundkenntnisse des Programmierens. Einleitend werden Aufbau und Wirkungsweise von Rechnern geschildert. Eine problemorientierte Programmiersprache kann zwar weitgehend ohne diese Kenntnisse erlernt werden, aber für einen Ingenieur ist es doch recht unbefriedigend, mit einem Gerät zu arbeiten, ohne etwas von ihm zu wissen.

Ausführlich werden Herstellungsphasen und Qualitätsmerkmale von Programmen behandelt. Der Programmablaufplan (nach DIN 66 001) und die Methode der strukturierten Programmierung stehen im Mittelpunkt dieser Betrachtungen. Eine lange Unterrichtserfahrung lehrt, daß dem Anfänger das Verstehen dieser unerläßlichen Grundlagen des Programmierens erheblich mehr Mühe bereitet als das Erlernen der formalen Regeln einer Programmiersprache. Außerdem ändern sich die Sprachen und ihre Regeln. Die in diesem Teil des Buches gebotenen Betrachtungen sind wesentlich allgemeingültiger.

Den Hauptteil des Buches bildet die Beschreibung der Sprache FORTRAN 77 gemäß der Norm ANSI X3.9-1978. Diese Weiterentwicklung des FORTRAN IV bietet eine einfachere Datenein- und -ausgabe sowie verbesserte Möglichkeiten der Strukturierung, der Text- und Dateiverarbeitung. Wegen der vorstehend genannten Lernziele wurde bewußt auf eine vollständige Beschreibung der Sprache verzichtet. Es fehlen etwa 10% vom Gesamtinhalt. Dadurch ergibt sich eine wesentliche Steigerung der Übersichtlichkeit und Klarheit. Insbesondere werden nicht alle in der Norm erwähnten Sonder- und Ausnahmefälle erläutert, die oft nur historisch zu begründen sind. Hierfür muß ohnehin das Handbuch des jeweils benutzten Rechners zu Rate gezogen werden. Ferner werden nicht alle Möglichkeiten der Formatierung und Dateiverarbeitung behandelt. Die Auslassungen werden aber an den jeweiligen Stellen vermerkt.

Bei der didaktischen Konzeption wurden zwei Extreme vermieden: ein streng axiomatisch-deduktiver Aufbau, aber auch ein rein induktives Entwickeln der Sprache aus Beispielen. Der Text wird durch zahlreiche Beispiele und Aufgaben ergänzt. Hier werden vorwiegend Probleme der numerischen Mathematik behandelt, die bei zahlreichen technischen Anwendungen auftreten. Es werden aber auch Beispiele aus der allgemeinen Datenverarbeitung gebracht. An mathematischen Kenntnissen wird die Hochschulreife vorausgesetzt. Die Programme wurden auf einer Rechenanlage IBM 4341 mit dem Betriebssystem CMS (Conversational Monitor System) gerechnet.

Dieses Buch ist die Fortführung der von mir erschienenen "Programmierung mit FORTRAN". Da sich jene Einführung in FORTRAN IV bewährt hat, wurde hier nur dann geändert, wenn es die Entwicklung der Sprache oder die der Technik erforderte.

Der Firma Dornier GmbH., Immenstaad, möchte ich herzlich für die großzügige Genehmigung zur Benutzung ihres Rechenzentrums danken. Herr Dipl.Math. Maag hat mich mit wertvollen Hinweisen und Ratschlägen unterstützt. Der Firma IBM Deutschland GmbH., Stuttgart, danke ich für die Genehmigung zum Benutzen ihrer Firmenliteratur und dem B.G. Teubner Verlag, Stuttgart, für die verständnisvolle Zusammenarbeit.

Zur 2. Auflage
Die 1. Auflage wurde gut aufgenommen. Deshalb wurden nur Fehler beseitigt und einige Programme besser strukturiert.

Von zahlreichen Kollegen erhielt ich wieder wertvolle Hinweise, für die herzlich gedankt sei.

Ravensburg, im Januar 1985   Wolfgang Brauch

INHALTSVERZEICHNIS

1 Einleitung ... 11

2 Aufbau und Wirkungsweise eines Rechners
  2.1 Hardware ... 15
  2.2 Software ... 24
  2.3 Betriebsarten ... 30
  2.4 Aufgaben ... 32

3 Entwicklung eines Programms
  3.1 Problemanalyse ... 33
  3.2 Arbeitsschritte bei der Herstellung ... 34
  3.3 Ausführung ... 36
  3.4 Einsatz. Wartung ... 37

4 Programmablaufplan
  4.1 Sinnbilder. Strukturen ... 38
  4.2 Arbeitsmethodik. Qualitätsmerkmale. Fehler ... 48
  4.3 Beispiele ... 54
  4.4 Aufgaben ... 73

5 Elemente von FORTRAN
  5.1 Grundbegriffe ... 75
  5.2 Datentypen. Konstanten. Variablen ... 78
  5.3 Operationen. Standardfunktionen. Ausdrücke ... 83
  5.4 Anweisungen. Programm ... 88
  5.5 Zuordnungsanweisung ... 90
  5.6 Ein- und Ausgabeanweisungen ... 91
  5.7 Steueranweisungen ... 104
  5.8 Beispiele ... 111
  5.9 Aufgaben ... 117

6 Bereiche. Textverarbeitung
  6.1 Bereiche ... 119
  6.2 Textverarbeitung ... 130
  6.3 Aufgaben ... 142

7 Unterprogramme. Spezifikationsanweisungen
- 7.1 Allgemeines — 146
- 7.2 Funktions-Unterprogramme — 149
- 7.3 Subroutine-Unterprogramme — 154
- 7.4 Spezifikationsanweisungen — 159
- 7.5 BLOCK DATA Unterprogramm — 166
- 7.6 Aufgaben — 167

8 Dateiverarbeitung
- 8.1 Öffnen und Schließen — 171
- 8.2 Anweisungen für sequentielle Dateien — 173
- 8.3 Lesen und Schreiben — 174
- 8.4 Abfrage — 174
- 8.5 Beispiele — 175
- 8.6 Aufgaben — 178

9 Testen von Programmen — 180

ANHANG
- EBCDI-Code — 184
- Lösungen der Aufgaben — 185
- Weiterführende Literatur — 205
- Sachverzeichnis — 206

LISTE DER BEISPIELE

Außer den folgenden Beispielen, die meist vollständige Programme beinhalten, befinden sich im Text weitere kurze Formalbeispiele. Bei jedem Beispiel wird hier nach Möglichkeit sowohl das sachliche als auch das programmiertechnische Problem angegeben.

1	Zuordnungsanweisungen	40
2	Ein- und Ausgabeanweisungen	42
3	Schreibtischtest eines Plans	53
4	Sortieren von drei Zahlen Plan mit Maschen	55
5	Funktionstafel Plan mit Schleife	56

6	Produktsumme Datenende	58
7	Tafel der Hyperbelfunktionen geschachtelte Schleifen	60
8	Nullstelle einer Funktion Arbeitsschritte bei der Herstellung	62
9	Lösen einer quadratischen Gleichung Plan mit Maschen und Schleifen	65
10	Numerische Differentiation Wiederholungsschleife	66
11	Flächenmomente von Profilen Verteiler	69
12	Mischen zweier Dateien Gruppenwechsel	71
13	Arithmetische Ausdrücke	85
14	Logische Ausdrücke	87
15	Dialogbetrieb Listengesteuerte E/A-Anweisungen	92
16	Ausgabe gebrochener Zahlen	100
17	Wiederholungsfaktor und innere Klammern	101
18	Vierfeldertafel FORMAT-Anweisung	103
19	Programmieren einer Masche	108
20	DO-Anweisung. Logische Variable	109
21	Sortieren von drei Zahlen logische IF-Anweisung	111
22	Funktionstafel DO-Anweisung	112
23	Produktsumme Datenende	113
24	Tafel der Hyperbelfunktionen DO- und FORMAT-Anweisung	113
25	Nullstelle einer Funktion logische und BLOCK IF-Anweisung	114
26	Quadratische Gleichung logische und BLOCK IF-Anweisung	114
27	Numerische Differentiation logische IF-Anweisung	116
28	Flächenmomente von Profilen computed GOTO-Anweisung	116
29	Produktsumme Bereiche	121

30	Ausgabe von Bereichen	123
31	Horner Schema Bereiche	124
32	Metergewicht von Stahlrohr Bereiche	126
33	Sortieren von n Zahlen geschachtelte Schleifen mit Bereichen	127
34	Matrizenmultiplikation geschachtelte Schleifen mit Bereichen	129
35	Textausdrücke	130
36	Textanalyse Teilstringverarbeitung	131
37	Schreiben und Lesen einer internen Datei	133
38	Farbcode für elektrische Widerstände Textverarbeitung	133
39	Verarbeitung von Sätzen unterschiedl. Formats	135
40	Funktionsdiagramm mit Drucker Textverarbeitung	136
41	Isogramm Textverarbeitung	141
42	Anweisungsfunktionen	150
43	Berechnung eines Dreiecks Aufruf einer Anweisungsfunktion	151
44	Externe Funktionen	152
45	Ausgleichung einer Geraden Aufruf einer externen Funktion	153
46	Subroutine-Unterprogramme	155
47	Sortieren von drei Zahlen Aufruf von Subroutine-UP'en	156
48	Erzeugen von Zufallszahlen Subroutine-Unterprogramm	
49	Matrizenrechnung Subroutine-Unterprogramme mit Bereichen	158
50	Nullstelle einer Funktion EXTERNAL-Anweisung	161
51	Glätten von Meßwerten. COMMON-Anweisung	163
52	COMMON-Blöcke	164
53	Glätten von Meßwerten. BLOCK DATA UP	166
54	Aufbau einer sequentiellen Datei	175
55	Mischen zweier Dateien. Dateiverarbeitung	176
56	Direkter Zugriff	176

1 EINLEITUNG

FORTRAN ist die Abkürzung von _for_mula _tran_slation (Übersetzung von Formeln). Diese Sprache wurde 1956 zum Programmieren technischer Probleme geschaffen. Heute ist sie soweit entwickelt, daß mit ihr auch die Grundaufgaben der kaufmännischen Datenverarbeitung (DV) gelöst werden können. Näheres zur geschichtlichen Entwicklung der Sprache findet man auf S. 75.

FORTRAN entstand zur Zeit der Lochkartentechnik. Im Zuge einer Entwicklung, die mit dem Schlagwort "computer am Arbeitsplatz" bezeichnet werden kann, wird diese Sprache heute vorwiegend als Dialogsprache eingesetzt. Der Benutzer hat an seinem Arbeitsplatz einen Fernsehbildschirm mit Tastatur oder eine Fernschreibmaschine, über die Programme und Daten eingegeben, sowie die Ergebnisse ausgegeben werden. Hinter diesen Geräten verbergen sich zwei sehr unterschiedliche technische Konzeptionen.

> Definition: Der Begriff Rechner (computer) bedeutet entweder einen Tischrechner (desktop computer, personal computer) oder eine Rechenanlage (data processing system).

Es gibt heute Tischrechner zum Preis ab etwa 2000.-DM, die in einer problemorientierten Sprache programmierbar sind. Bei Rechenanlagen ab etwa 100 000.-DM setzt sich der sog. Teilnehmerbetrieb (s. Abschn. 2.3) immer mehr durch. Dabei arbeiten je nach Größe der Anlage zwischen 5 und 100 Benutzer scheinbar gleichzeitig und unabhängig voneinander mit dem Rechner. An ihrem Arbeitsplatz haben sie ein Gerät, das äußerlich einem Tischrechner gleicht. In beiden Fällen findet der beschriebene Dialogbetrieb statt. Er ist insbesondere beim Schreiben und Testen von Programmen vorteilhaft, also z.B. beim Erlernen des Programmierens. Es gibt allerdings auch Anwendungen der Datenverarbeitung, für die andere Betriebsarten geeigneter sind.

In den vorstehenden Ausführungen wurden Begriffe benutzt, die einer näheren Erläuterung bedürfen:

> **Definition**: Ein **Programm** ist eine in einer beliebigen Sprache abgefaßte, vollständige Anweisung zum Lösen einer Aufgabe mittels eines Rechners (nach DIN 44 300). Jedes Programm besteht aus **Anweisungen** (statements). Die **Daten** sind die eingegebenen Werte (z.B. Zahlen), mit denen die Aufgabe zu lösen ist, sowie die vom Rechner gelieferten Ergebnisse. Programm und Daten gemeinsam werden als **Information** bezeichnet. (Die syntaktische Definition des Begriffs "Programm" befindet sich auf S. 89.)

In dieser Definition wird vorausgesetzt, daß die benutzte Sprache vom Rechner "verstanden" wird, d.h. daß das Programm ausgeführt werden kann. Jedes Programm kann - meist mit verschiedenen Daten - beliebig oft ausgeführt werden. Z.B. sind in einem Programm zum Lösen einer quadratischen Gleichung die Koeffizienten der Gleichung die Eingabedaten.

Vor der Verarbeitung befindet sich das Programm im Zentralspeicher (s.S. 21) des Rechners. Die hier behandelten Rechner heißen deshalb nach DIN 44 300, Informationsverarbeitung, ausführlich "**speicherprogrammierte Digitalrechner**". Die Idee der Speicherprogrammierung wurde 1946 vom amerikanischen Mathematiker John v. Neumann entwickelt und gehört zu den wesentlichen Grundlagen der Informationstechnik. Die Speicherprogrammierung erlaubt es, ein Programm während der laufenden Verarbeitung zu ändern und führt in ihrer Konsequenz unmittelbar zu Begriffen wie "lernende Automaten" oder "Denkmaschinen".

Der Begriff "Digitalrechner" bedeutet, daß die Zahlen im Rechner durch ihre Ziffern dargestellt werden. Dies ist nicht selbstverständlich, sondern es gibt eine weitere Klasse von Rechenmaschinen, die **Analogrechner**, bei denen die Zahlen durch entsprechende (analoge) physikalische Größen (meist elektrische Spannungen) dargestellt werden. Der Rechenstab ist z.B. ein mechanischer Analogrechner.

Programme und Daten werden einem Digitalrechner mittels etwa
50 verschiedener Zeichen (10 Ziffern, 26 Buchstaben und sog.
Sonderzeichen wie Komma, Punkt usw.) eingegeben. Diese Zeichen
werden hier die <u>Schriftzeichen</u> genannt. Auch die Ausgabe der
Ergebnisse erfolgt mit diesen Zeichen. Die meisten Digitalrechner können aber intern nur zwei verschiedene Zeichen ver-
arbeiten. Dies hat ausschließlich technische Gründe. Zwei
Zeichen können sehr einfach und damit preiswert und störungs-
sicher realisiert werden. Beispiele: zwei Stellungen eines
Schalters, zwei elektrische Spannungspegel, zwei Magnetisie-
rungsrichtungen.

> <u>Definition</u>: Ein Zeichen aus einer Menge von zwei Zeichen
> heißt ein <u>Binärzeichen</u> (binary digit) oder kurz ein <u>bit</u>.
> Diese Zeichen werden hier als 0 und 1 geschrieben. In der
> Digitaltechnik sind die Bezeichnungen L (low) und H (high)
> üblich. Größere Einheiten sind
>
> <u>8 bits = 1 byte</u> 10^3 bytes = 1 kbyte 10^6 bytes = 1 Mbyte
>
> Manchmal werden 2^{10} bytes = 1026 bytes = 1 K genannt.
> Eine beliebige Anzahl von bits, die logisch zusammenge-
> hören, heißt ein <u>Binärmuster</u>.

Das Umwandeln von Schriftzeichen und Zahlen in Binärmuster
und umgekehrt nennt man <u>Codieren</u>. Näheres hierzu findet man
in Abschn. 5.2. Dieses Codieren beansprucht einen erheblichen
Teil der Arbeitszeit eines Rechners, der insbesondere bei
einfachen Programmen die eigentliche Rechenzeit bei weitem
übersteigt. Ferner sei bereits hier vermerkt, daß beim Erlernen jeder Programmiersprache wegen dieser erforderlichen
Codierung die Schwierigkeiten nicht etwa in der Mathematik
liegen, sondern in den Regeln über Daten Ein- und Ausgabe.

2 AUFBAU UND WIRKUNGSWEISE EINES RECHNERS

Die folgende Übersicht zeigt die grundsätzlichen Möglichkeiten, aber auch die Grenzen des Einsatzes von Rechnern. Ferner erleichtert sie das Verständnis für viele Regeln von Programmiersprachen. Genaueres findet man z.B. in [2], [7].

Im Gesamtgebiet der Informationsverarbeitung treten drei Aufgabenbereiche auf:

> Transport, Speicherung und Umwandlung von Information.

Ein Tischrechner muß alle drei Aufgaben lösen, wobei der Schwerpunkt auf der Umwandlung liegt. Bei Rechenanlagen werden diese Aufgaben auf verschiedene Geräte verteilt. Die Struktur jedes Rechners kann in folgende Bereiche gegliedert werden:

> Definition: Die hardware ist die Menge der technischen (materiellen) Einzelteile eines Rechners. Die software ist eine Menge von Programmen, die zum Betrieb des Rechners erforderlich sind. Wenn die software in Festwertspeichern (s.Bild 1 und S. 22) gespeichert ist, wird sie firmware genannt.

Von der Definition her sind hardware und software klar zu unterscheiden. In Bezug auf den Aufgabenbereich ist dies nicht der Fall. Die im vorigen Abschnitt erläuterte Aufgabe des Codierens kann z.B. entweder durch elektronische Schaltungen (hardware) oder auch durch Programme (software) gelöst werden.

Einteilung von Rechnern

Vom Taschenrechner, der in einer problemorientierten Sprache zu programmieren ist, bis zur Groß-Rechenanlage steht ein kontinuierliches Angebot mit fließenden Grenzen zur Verfügung. Die folgende Übersicht soll vor allem Größenordnungen zeigen. Die steigenden Kosten sind wesentlich durch die Peripheriegeräte und die software bedingt. Der monatliche Mietpreis beträgt etwa 1/40 des Kaufpreises.

	Kapazität des Zentralspeichers in kbyte	Rechengeschw. in Befehlen/s	Kaufpreis in DM
Taschenrechner	1	50	500
Tischrechner (Micro)	100	5000	5000
Rechenanlagen	in Mbyte	in Mips	in 10^6 DM
Klein (Mini)	1	0.1	0.5
Mittel (Intermediate)	10	1	2
Groß (Mainframe)	50	2	5

Die Einheit Mips bedeutet Mega instructions per second.

2.1 HARDWARE

Die prinzipielle Struktur der hardware zeigt Bild 1. Dieses Bild gilt für Tischrechner und Kleinanlagen. Auf die Erweiterungen für mittlere und große Anlagen wird in Abschn. 2.1.3 hingewiesen.

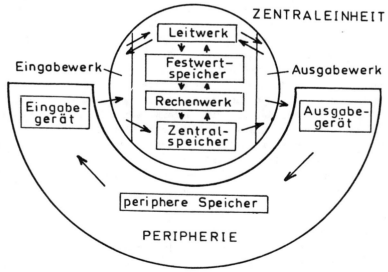

Bild 1 Struktur der hardware

2.1.1 Periphere Speicher und Geräte

Die wesentlichen Aufgaben der Pheripherie sind das Speichern der Information (Programme und Daten) und das Herstellen der Verbindung zwischen der Zentraleinheit und dem Benutzer, die Ein- und Ausgabe (E/A). Technisch hängen E/A Geräte und Speicher eng zusammen. Periphere Speicher sind: Papier, Lochkarten, Magnetplatten. In diesen Speichern kann eine für praktische Zwecke beliebig große Informationsmenge untergebracht werden. Die Kosten betragen nur etwa 1% der Kosten des Zentralspeichers. Die Peripheriegeräte können räumlich weit entfernt von der Zentraleinheit stehen und mit ihr durch Datenfernverarbeitung verbunden sein. Eine Außenstation, die nur Peripheriegeräte enthält, heißt Datenstation (terminal).

Bildschirm. Fernschreibmaschine. Drucker

Ein bei Tischrechnern und Datenstationen häufig benutztes E/A Gerät ist der Bildschirm (Datensichtgerät). Auf dem Schirm können etwa 20 Zeilen zu je 80 Schriftzeichen angezeigt werden. Im Gerät befindet sich oft ein Pufferspeicher, so daß durch Verschieben des Bildes etwa 200 Zeilen angezeigt werden können. Der Vorteil des Schirms liegt in der hohen Ausgabegeschwindigkeit und der Dialogfähigkeit, d.h. des einfachen Wechsels zwischen Ein- und Ausgabe. Der Nachteil besteht in der begrenzten Speicherfähigkeit. Das Gerät arbeitet meist wie ein Fernsehbildschirm mit zeilenweiser Ablenkung eines Elektronenstrahls. Außer Schriftzeichen können auch Diagramme ausgegeben werden. Wenn die graphische Ausgabe überwiegt, werden Vektorbildschirme benutzt, bei denen der Elektronenstrahl direkt von einem Punkt der Fläche zum anderen gesteuert wird. Auch eine mehrfarbige Darstellung ist möglich.

Die Eingabe erfolgt über eine Tastatur. Außer den normalen Schriftzeichen enthält sie Tasten zur Steuerung des Bildschirms und für häufige Kommandos der Steuersprache. Die zuletzt eingegebene Schriftzeile erscheint auf dem Schirm in einer Sonderzeile und kann dort noch einfach korrigiert werden. Mittels einer Taste (beim hier benutzten Rechner mit ENTER, oft mit RETURN oder STORE bezeichnet) gelangt sie zur weiteren Verarbeitung. Ferner verfügt jeder Schirm über einen Lichtzeiger (cursor). Das ist eine Marke, die mit der Tastatur an eine beliebige Stelle des Schirms gesteuert werden kann. Im sog. Editiermodus (s. Abschn. 3.3) kann das dort stehende Zeichen ebenfalls korrigiert werden. Diese Technik ist insbesondere beim Testen und Redigieren von Programmen vorteilhaft. Für graphische Verfahren gibt es Schirme, bei denen mittels eines Stiftes, der an seinem Ende eine Photozelle trägt, unmittelbar auf den Schirm "geschrieben" werden kann.

Die E/A über eine Fernschreibmaschine ist ebenfalls für den Dialogbetrieb geeignet und verläuft ähnlich wie beim Bildschirm. Der Vorteil liegt in der permanenten Speicherung der Information, die Nachteile in der nicht so einfachen Korrekturmöglichkeit und der geringen Ausgabegeschwindigkeit von etwa 20 Zeichen/s.

Lediglich für die Ausgabe geeignet sind Drucker. Tischrechner enthalten oft einen eingebauten Matrixdrucker. Er erreicht eine Geschwindigkeit von 1 Zeile/s. Wie aus Bild 2 ersichtlich, entsteht jedes Zeichen durch Punkte einer 5 mal 7 Matrix. Bei Thermodruckern besteht jedes Matrixelement aus einem elektrischen Widerstand, der erhitzt wird und dadurch einen Punkt in ein Spezialpapier einbrennt. Bei mechanischen Druckern werden Stifte gegen ein Farbband gedrückt. Bei Rechenanlagen sind Drucker getrennte Geräte. Außer Matrixdruckern gibt es mechanische Geräte, bei denen alle Schriftzeichen auf einer ständig rotierenden Kette oder Walze angeordnet sind. Damit lassen sich Geschwindigkeiten von 10 Zeilen/s erreichen. Optisch oder elektrostatisch arbeitende Drucker erreichen Geschwindigkeiten von mehreren Seiten/s.

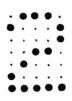

Bild 2
Matrix

Lochkarte. Lochstreifen

Die <u>Lochkarte</u> war das klassische Speichermedium der kaufmännischen DV. Ihre Bedeutung tritt laufend zugunsten magnetischer Speicher zurück. Die Vorteile der Lochkarte liegen in der zusätzlichen Verwendungsmöglichkeit als Karteikarte und der einfachen Austauschmöglichkeit einzelner Karten. Nachteilig sind die nicht vorhandenen Korrekturmöglichkeiten (jeder Fehler beim Lochen und jede Änderung erfordert eine neue Karte) und der hohe Preis von Karten und Geräten.

Wie aus Bild 3 ersichtlich ist, enthält jede Karte <u>80 Spalten</u> (Schreibstellen) und 12 Zeilen. In jeder Spalte wird ein Schriftzeichen durch 1, 2 oder 3 Löcher codiert. Die Karten werden mit einem Schreiblocher gestanzt. Zusätzlich wird der obere Rand der Karte mit den gelochten Schriftzeichen beschriftet. Die Bedienung dieses Geräts ähnelt der einer Schreibmaschine. Im Lochkartenlesegerät werden dann die Löcher photoelektrisch abgetastet, in elektrische Impulse verwandelt und in die Zentraleinheit weitergeleitet.

<u>Lochstreifen</u> werden vorwiegend für Sonderzwecke wie z.B. numerische Steuerung von Werkzeugmaschinen verwendet. Das Prinzip ist das gleiche wie bei Lochkarten. Häufig wird der internationale Fernschreibcode (CCITT-Code) benutzt, bei dem jedes Schriftzeichen in 5 Zeilen (Kanälen) verschlüsselt wird. Es gibt aber auch 6, 7 und 8 Kanal-Streifen.

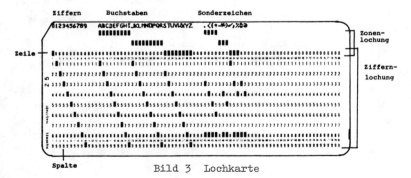

Bild 3 Lochkarte

Magnetische Speicher und Geräte

Die magnetischen Medien werden vorwiegend als Speicher benutzt. Deshalb werden zunächst einige Grundbegriffe der Speichertechnik erklärt.

> Definition: Die Zugriffszeit zu einem Speicher ist die zur Ausführung des Befehls "Bringe eine Information vom Speicher in das Rechenwerk" benötigte Zeit. Bei einem Speicher mit direktem Zugriff (random access memory, RAM) ist die Zugriffszeit unabhängig von der physischen Lage der Information im Speicher. Bei einem sequentiellen Speicher (sequential storage) ist dies nicht der Fall. Im Prinzip muß der gesamte Speicher von vorn gelesen werden, bis die gesuchte Information gefunden ist. - Die Speicherkapazität ist das Fassungsvermögen des Speichers und wird in kbyte oder Mbyte (s.S. 13) angegeben.

Ein echter direkter Zugriff ist nur beim Zentral- und beim Festwertspeicher (s.Abschn. 2.1.2) möglich. Meist wird aber auch die Magnetplatte bezw. die Diskette zu den Speichern mit direktem Zugriff gezählt, weil hier die Unterschiede der Zugriffszeiten zu den verschiedenen Stellen der Platte klein sind. Der Mittelwert liegt bei 20 ms. Typische sequentielle Speicher sind Lochkarte und Magnetband. Beim Band ergeben sich durch das Umspulen Zugriffszeiten bis zu einer Minute, der Mittelwert liegt bei einigen Sekunden. Der Vorteil der sequentiellen Speicher liegt im geringeren Preis.

Das Magnetband (magnetic tape) arbeitet wie ein Tonband. Bei Rechenanlagen werden getrennte Geräte mit Bändern von 720 m Länge und einer Kapazität zwischen 20 und 100 Mbyte benutzt. In Tischrechnern sind oft Laufwerke für ein oder zwei Kassetten mit je 40 m Band und einer Kapazität von einigen hundert kbyte eingebaut. Bänder dienen vorwiegend zur Archivierung von Programmen und Dateien. In der kaufmännischen DV spielen sortierte Dateien (Kunden, Artikel) auf Band eine wichtige Rolle.

Die Magnetplatte (magnetic disk)
hat den Vorteil des direkten Zu-
griffs. Er entsteht durch eine
ständige Rotation der Platten
mit 50 Umdr/s. Auf jeder Ober-
fläche befinden sich einige
hundert konzentrische Kreise,
die Spuren. Mit einem radial be-
weglichen Zugriffsarm, der am
Ende einen Lese/Schreibkopf
trägt, kann jeder Punkt der
Platte schnell erreicht werden.

Bei Rechenanlagen verwendet man
Stapel von 6 oder 11 Platten
mit 40 cm Durchmesser und einer
Kapazität von einigen hundert
Mbyte/Stapel. Man unterscheidet

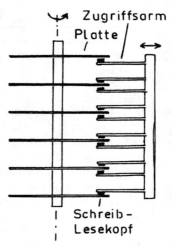

Bild 4   Magnetplattenstapel

Wechselplattenspeicher, bei denen die Stapel gewechselt werden
können und die preiswerteren Festplattenspeicher, die außerdem
eine geringere Kapazität haben. Bei Tischrechnern werden einzelne Platten, sog. Disketten (floppy disks) benutzt. Sie haben einen Durchmesser von etwa 12 cm und eine Kapazität von
einigen hundert kbyte.

Da Platten heute kaum noch teurer sind als Bänder, setzen sie
sich für alle Anwendungen immer mehr durch.

2.1.2 Zentraleinheit

Die Aufgabe der Zentraleinheit (ZE) ist die Umwandlung der
Information, die oft als Verarbeitung im engeren Sinne bezeichnet wird.

> Die Zentraleinheit (central processing unit, CPU) besteht
> aus Ein- und Ausgabewerk, Zentral- und Festwertspeicher,

Rechen und Leitwerk. Rechen- und Leitwerk zusammen werden als processor, das Leitwerk (gemäß DIN 44300) wird auch als Steuerwerk bezeichnet. Siehe Bild 1, S. 15.

Diese Einteilung gilt vorwiegend für Tischrechner und Klein-Anlagen. Bei Groß-Anlagen besteht die Tendenz zur Dezentralisierung. Die vorstehenden Funktionseinheiten, insbesondere processoren, befinden sich dann auch in Geräten außerhalb der ZE.

Die elektronischen Bauelemente der ZE sind Widerstände, Dioden und Transistoren. Sie werden in der MOS-Technologie (metal oxyd semiconductor technology) durch Oxydations- und Diffusionsprozesse auf Plättchen von etwa 50 mm^2 Fläche, den sog. chips, erzeugt. Ein chip enthält bis zu 10^6 Bauelemente. In Speicherchips können 8 bis 64 kbyte/chip gespeichert werden. Jedes bit wird durch eine Flipflop-Schaltung realisiert. In den logischen chips werden $5 \cdot 10^3$ bis $5 \cdot 10^4$ logische Schaltungen/chip untergebracht. Aus den Grundschaltungen, den NOT-NAND- und NOR-Gliedern, werden größere Funktionseinheiten wie Schieberegister oder Halbaddierer zusammengesetzt.

Ein Ein- und Ausgabewerk ist nur bei größeren Rechenanlagen vorhanden. Es koordiniert die Informationsübertragung zwischen den E/A Geräten und dem Zentralspeicher. Die E/A Geräte arbeiten erheblich langsamer als die ZE. Deshalb arbeiten meist mehrere E/A Geräte gleichzeitig und unabhängig voneinander. Wenn ein Gerät mit einer Aufgabe fertig ist, gibt es eine Meldung an das E/A Werk, das dann zusammen mit der Zugriffssteuerung des Betriebssystems weiteres veranlasst.

Der Zentralspeicher enthält die Daten und Programme vor der eigentlichen Verarbeitung. Er hat Zugriffszeiten von 10^{-9} s. Seine Kapazität wird manchmal als Maß für die Größe des Rechners angesehen (s. Tafel auf S. 15). Der Zentralspeicher kann gelesen und beschrieben werden. Jedes bit wird durch eine Flip-Flop Schaltung realisiert. Die hardware eines Rechners würde aber zu kompliziert, wenn sie dem Benutzer den Zugriff zu jedem bit ermöglichen würde.

> **Definition**: Die kleinste vom Benutzer ansprechbare Speichereinheit heißt <u>Speicherelement</u>. Diese Elemente werden laufend numeriert. Diese Ordnungszahlen heißen <u>Adressen</u>.

Der Begriff "Adresse" spielt auch beim Programmieren eine wichtige Rolle. Leider ist die Größe der Speicherlemente nicht genormt. Man unterscheidet byteorientierte Speicher, bei denen jedes Speicherlement ein byte enthält und wortorientierte Speicher, bei denen jedes Speicherelement 2 bis 8 bytes enthält, die als ein Wort bezeichnet werden. Das Speicherelement wird hier auch oft als Speicherzelle bezeichnet.

> Ein Schriftzeichen wird in einem byte gespeichert. Eine Zahl belegt ein oder mehrere Worte.

Die <u>Festwertspeicher</u> (read only memory, ROM) können nur gelesen werden. Sie enthalten Teile des Betriebssystems. Technisch unterscheiden sie sich nicht vom Zentralspeicher.

Ein Forschungsschwerpunkt der Hardwaretechnologie liegt in der Entwicklung von Speichern, deren Zugriffszeit zwischen der des Zentralspeichers und der der pheripheren Speicher liegt. Diese, mehrere Zehnerpotenzen große Lücke verursacht bei der Organisation eines DV-Systems erhebliche Probleme.

Das <u>Rechenwerk</u> besteht im einfachsten Fall aus einem Addierwerk für ganze Zahlen. Die anderen Grundrechnungsarten mit ganzen Zahlen können auf mehrfache Addition und Stellenverschieben zurückgeführt werden. Das Rechnen mit gebrochenen Zahlen wird in diesem Fall von der software realisiert. Grössere Rechner enthalten mehrere Rechenwerke für die Verarbeitung von ganzen und gebrochenen Zahlen sowie Zeichen.

Das <u>Leitwerk</u> hat im einfachsten Fall etwa die gleichen Aufgaben wie ein Benutzer eines nicht programmierbaren Taschenrechners. Es steuert und überwacht den Ablauf aller Operationen. Es besteht eine enge Koppelung zwischen den Aufgaben des Leitwerks und denen der Systemsteuerung des Betriebssystems.

2.1.3 Kanalprinzip. Datenfernverarbeitung

Bei Tischrechnern und kleinen Rechenanlagen sind bis zu etwa 5 Peripheriegeräte unmittelbar an die ZE angeschlossen. Grössere Anlagen können wesentlich mehr Peripheriegeräte, z.B. terminals, bedienen. Diese arbeiten erheblich langsamer als die ZE. Deshalb werden zwischen ZE und Peripheriegeräte Kanäle und Steuereinheiten geschaltet. An einen Groß-Rechner können bis zu 8 Kanäle, an jeden Kanal bis zu 64 Steuereinheiten und an jede Steuereinheit bis zu 8 E/A Geräte des gleichen Typs angeschlossen werden.

Ein **Kanal** ist ein kleiner Rechner, der auf E/A Operationen spezialisiert ist. Durch einen Befehl der ZE wird im Kanal ein Programm ausgelöst. Der Kanal enthält Pufferspeicher, in denen die von der Peripherie kommende Information gesammelt wird und erst nach Abschluß einer E/A Operation geschlossen an die ZE weitergeleitet wird.

Die **Steuereinheiten** übernehmen die Energieversorgung und mechanische Steuerung der E/A Geräte. Ferner wird hier der bei den verschiedenen E/A Geräten unterschiedliche Code in den in DIN 66 003 genormten 7-bit Code (ASCII) umgewandelt.

Bei der **Datenfernverarbeitung** liegen zwischen Kanal und Steuereinheit die Übertragungseinrichtungen. Sie sind in der BRD Monopol der Deutschen Bundespost. Zur Zeit werden benutzt

	Übertragungsgeschw. in bit/s (baud)
Fernschreibnetz (Telexnetz)	50
Datexnetz	200
Fernsprechnetz	2400

Ein europäisches Netz zur Datenfernverarbeitung mit Übertragungsgeschwindigkeiten bis zu 10^4 bits/s befindet sich im Aufbau.

Bei Benutzung von Datenfernverarbeitung entfallen etwa je ein Drittel der Gesamtkosten auf die drei Grundaufgaben Speichern, Transport und Umwandlung der Information.

2.2 SOFTWARE

Die software wird in System- und Anwendungssoftware gegliedert. Die Systemsoftware ist im wesentlichen mit dem im folgenden beschriebenen Betriebssystem identisch. Sie wird vom Hersteller des Rechners geliefert. Die Art der Anwendungssoftware hängt sehr vom Verwendungszweck des Rechners ab. Sie wird entweder vom Hersteller des Rechners oder von Spezialfirmen oder in einfachen Fällen auch vom Käufer hergestellt. Diese Herstellung geschieht zunehmend nach ingenieurmäßigen, konstruktiven Prinzipien. Begriffe wie "software engeneering", "Systemarchitektur" weisen auf diese Tendenz [13]. Der Anteil der software-Kosten beträgt bei der Entwicklung eines Rechners etwa 80%, im laufenden Betrieb 50% der Gesamtkosten.

2.2.1 Betriebssystem

Das Betriebssystem hat die Aufgabe, eine optimale Nutzung der hardware zu ermöglichen. Hierzu gehört insbesondere die Zuteilung von Speicherkapazität und Rechenzeit an die verschiedenen Benutzer. Näheres hierzu s. Abschn. 2.3. Die Herstellung eines Betriebssystems für eine Groß-Anlage erfordert einige hundert Mannjahre. Es besteht aus etwa 10^7 Anweisungen und belegt etwa 20% der Speicherkapazität des Rechners. Es

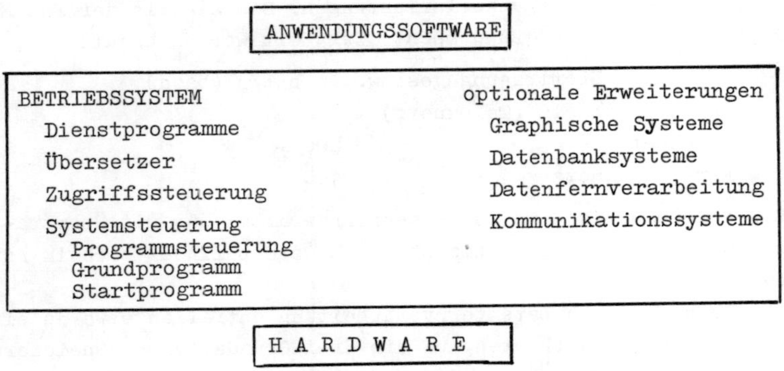

```
                    ANWENDUNGSSOFTWARE

BETRIEBSSYSTEM                    optionale Erweiterungen
  Dienstprogramme                   Graphische Systeme
  Übersetzer                        Datenbanksysteme
  Zugriffssteuerung                 Datenfernverarbeitung
  Systemsteuerung                   Kommunikationssysteme
    Programmsteuerung
    Grundprogramm
    Startprogramm

                    H A R D W A R E
```

Bild 5   Aufbau des Betriebssystems

ist in Festwert- und/oder peripheren Speichern permanent gespeichert. Die Teile, die benutzt werden, werden zeitweise in den Zentralspeicher geholt. Bild 5 zeigt seinen Aufbau.

Die **Systemsteuerung** (system control programs, SCP) bildet den Kern des Betriebssystems und den Übergang zur hardware. Diese Programme haben teilweise die gleichen Funktionen wie das Leitwerk und sind meist in Festwertspeichern installiert. Das **Startprogramm** bringt die RA nach dem Einschalten zum Laufen. Das **Grundprogramm** (supervisor) erstellt für den Bediener (operator) der RA ein laufendes Protokoll der Verarbeitung, z.B. der von den verschiedenen Benutzern und Geräten verbrauchten Zeiten. Ferner werden ggf. Fehlermeldungen angezeigt. Außerdem regelt das Grundprogramm den Verkehr mit den Kanälen (s. Abschn. 2.1.3). Es empfängt insbesondere die Meldung (interrupt), wenn ein Kanal eine Aufgabe beendet hat und veranlaßt das Weitere. Schließlich koordiniert es die Zusammenarbeit sämtlicher Programme des Betriebssystems.

Die **Programmsteuerung** (job management) bildet die unterste Ebene auf der Anwendungsprogramme manipuliert, z.B. übersetzt, gelistet oder ausgeführt werden können. Im einfachsten Fall reserviert sie z.B. für das nächste auszuführende Programm Platz im Zentralspeicher und holt das Übersetzungsprogramm. Bei den Verfahren des Abschn. 2.3 (multiprogramming, time sharing) realisieren diese Programme und die der anschließend erläuterten Zugriffssteuerung das Konzept des **virtuellen Speichers**. Bei Bedarf werden automatisch Programme und Daten zwischen Zentral- und peripheren Speichern transportiert. Der Benutzer merkt hiervon nichts. Für ihn existiert nur ein einziger gemeinsamer scheinbarer (virtueller) Speicher.

Die **Zugriffssteuerung** (access methods, data management) beinhaltet die Programmierung der Peripheriegeräte. Häufig werden diese Programme von den Kanälen ausgeführt. Sie organisieren den physischen Aufbau der Dateien, so daß der Benutzer nur noch deren logischen Aufbau kennen muß. Näheres hierzu s.

Abschn. 8. Weitere Aufgaben der Zugriffssteuerung sind die Überbrückung der sehr unterschiedlichen Arbeitsgeschwindigkeiten von ZE und Peripheriegeräten und die Verarbeitung von Warteschlangen bei mehreren Benutzern.

Die <u>Übersetzer</u> transformieren Programme von einer Quellsprache in die Maschinensprache (s.Abschn. 2.2.3). Man unterscheidet:

     assembler   für maschienenorientierte Sprachen
     compiler   für problemorientierte Sprachen
     interpreter   für Dialogsprachen

Beim assembler und compiler wird das gesamte Programm vor der Ausführung in die Maschinensprache übersetzt und als Binärmuster gespeichert. Der Vorteil dieses Verfahrens besteht darin, daß bei einer späteren Ausführung des Programms keine nochmalige Übersetzung notwendig ist. Nachteilig ist, daß bei jeder Änderung das gesamte Programm neu übersetzt werden muß. Bei einem interpreter wird das Programm in der problemorientieren Sprache gespeichert und bei jeder Ausführung wird im Prinzip jede Anweisung für sich übersetzt und ausgeführt. Dies erfordert erheblich mehr Speicherplatz und Rechenzeit. Dafür sind Programmänderungen einfacher durchzuführen. Ferner ist ein interpreter wesentlich billiger als ein compiler. Da jede Übersetzungart Vorteile hat, werden Kombinationen von beiden entwickelt, bei denen man während der Testphase das Programm interpretieren und anschließend compilieren kann. FORTRAN wird meist durch einen compiler übersetzt.

Die restlichen Programme des Betriebssystems werden unter dem Begriff <u>Dienstprogramme</u> (utility programs) zusammengefaßt. Es besteht keine eindeutige Abgrenzung zu den in der rechten Spalte von Bild 5, S. 24 gezeigten optionalen Erweiterungen und der Anwendungssoftware. Typische Aufgaben der Dienstprogramme sind

     Verwaltung von Programm- und Dateibibliotheken (Übergang zu Datenbanken). Hier müssen Listen mit Eingangsadressen und Speicherbedarf geführt, sowie Zu- und Abgänge verwaltet werden.

Datentransport zwischen verschiedenen peripheren Speichern, z.B. Übertragen des Inhalts eines Plattenstapels auf ein Band, oder Auszug des Zentralspeichers im Maschinencode drucken.

Textedition. Hiermit können Dateien eingerichtet und verändert werden. Alle gespeicherten Programme sind Dateien.

Häufig werden auch folgende Anwendungsprogramme zu den Dienstprogrammen gerechnet: Berechnung der elementaren mathematischen Funktionen; Sortieren und Mischen von Dateien.

Insbesondere bei Groß-Anlagen erhalten noch folgende Anwendungen eine eigene Softwareunterstützung:

Graphische Datenverarbeitung. Diese für den Ingenieur wichtige Anwendung ist leider nicht in FORTRAN genormt. Es gibt zahlreiche Programmsysteme, die sich an verschiedene Programmiersprachen anlehnen und für unterschiedliche Aufgaben konzipiert sind. Es gibt z.B. Systeme zum Konstruieren von Maschinenteilen (computer assisted design, CAD), zum Entwerfen und Verdrahten von integrierten Schaltungen und zur Ausgabe von Diagrammen und verschiedenen Schriftarten.

Die Verwaltung von Datenbanken spielt bei den nicht-numerischen Anwendungen der DV eine wichtige Rolle. Ein wesentliches Problem ist das Wiederfinden einer gespeicherten Information nach verschiedenen Suchkriterien (information retrival). Ferner treten hier Fragen des Datenschutzes auf.

In der Datenfernverarbeitung und bei den Kommunikationssssystemen geht es um den Verbund mehrerer Rechner zu einem Netz. Die damit verbundenen Probleme sind bislang nur seitens der hardware vollständig gelöst worden. Die entsprechende Softwareentwicklung befindet sich noch im Fluß.

2.2.2 Steuersprache (job control language, JCL)

Sämtliche Programme des Betriebssystems können mit nicht genormten Kommandos (commands) aufgerufen, d.h. zur Ausführung gebracht werden. Die Menge dieser Kommandos bildet die Steuersprache (Kommandosprache). Sie wird nur bei Tischrechnern unmittelbar vom Benutzer verwendet. Bei Rechenanlagen werden vom Hersteller und/oder vom Rechenzentrum des Betriebs in dieser Sprache Programme geschrieben, die bestimmte Aufgaben lösen. Der Benutzer braucht nur die Namen dieser Programme zu kennen und kann sie damit ausführen. Weiteres siehe Abschn. 3.3 .

2.2.3 Programmiersprachen

Maschinensprache

Damit eine Anweisung einer Programmiersprache ausgeführt werden kann, muß sie als Binärmuster vorliegen. Dieses Muster heißt Maschinenbefehl (instruction). Er ist 2 bis 6 bytes lang und besteht aus dem Operationsteil, in dem die Art der auszuführenden Operation angegeben ist, sowie aus meist zwei Adressen. In diesem Adreßteil stehen die Nummern der Speicherzellen der Operanden. Bei arithmetischen Operationen wird nach der Ausführung des Befehls das Ergebnis in der Zelle des 1. Operanden gespeichert. Dadurch wird dieser gelöscht. Die Maschinensprache eines Großrechners umfaßt etwa 100 Befehle.

Die in einer der folgenden Sprachen geschriebenen Programme müssen vor ihrer Ausführung durch ein Übersetzungsprogramm in die Maschinensprache umgeformt werden.

> Definition: Ein in einer maschinenorientierten oder problemorientierten Sprache geschriebenes Programm heißt Quellprogramm. Das übersetzte Programm heißt Objektprogramm (Zielprogramm).

Maschinenorientierte Sprache

Hier werden die Befehle der Maschinensprache durch feststehende, leicht zu merkende Abkürzungen codiert, z.B. A für Addieren, oder M für Multiplizieren. Vor allem aber wird die Berechnung der Adressen der Operanden dem Rechner übertragen. Im Programm werden die Operanden durch symbolische Adressen angegeben. Das Verständnis dieses Begriffs ist auch für die Anwendung von problemorientierten Sprachen unerläßlich.

> Definition: Eine symbolische Adresse wird durch einen
> Namen bezeichnet. Dieser Name ist im Programm das Symbol
> für eine Speicherzelle. Innerhalb gewisser Regeln sind
> die Namen frei wählbar.

Ein Name besteht meist aus einer Buchstabenkombination, die
für den Benutzer eine sinnfällige Bedeutung hat, wie z.B.
T für Zeit oder XMAX für x_{max}. Der Anfänger neigt dazu, diesen
Namen mit dem Zahlenwert einer Größe zu identifizieren. Er
ist, wie gesagt, die symbolische Adresse einer Speicherzelle,
in der im Laufe des Programms i. allg. verschiedene Zahlen
stehen. Diese Namen werden deshalb auch als Variablennamen
bezeichnet. Näheres s. Abschn. 5.1.

Im Prinzip ist eine maschinenorientierte Sprache dadurch gekennzeichnet, daß jede Anweisung im Programm einem Maschinenbefehl entspricht. Der assembler führt eine sog. Eins-zu-Eins Übersetzung durch. Der Arbeitsaufwand beim Programmieren ist etwa doppelt so groß wie bei einer problemorientierten Sprache. Dafür beträgt aber sowohl der Speicherbedarf als auch die Rechenzeit nur etwa die Hälfte. Mikrocomputer werden noch häufig in dieser Sprache programmiert.

Problemorientierte Sprachen.

Sie sind im Prinzip unabhängig von den Eigenschaften eines speziellen Rechners, sondern ihr Aufbau orientiert sich an einem bestimmten Problemkreis. Diese Sprachen sind für den Benutzer am leichtesten erlernbar. Es gibt über 100 verschiedene Sprachen. Die Eigenschaften der häufigsten werden nun kurz beschrieben.

FORTRAN (formula translation) ist die klassische Sprache für den Bereich der Technik und wird ab Abschn. 5 behandelt.

BASIC (beginner's all purpose symbolic instruction code) ist in seinem elementaren Teil einfacher als FORTRAN und wird deshalb viel auf Tischrechnern benutzt. Sie wurde als Dialogsprache entwickelt.

PASCAL (franz. Mathematiker) wird vorwiegend an deutschen Universitäten benutzt. Es unterstützt besonders die Methode der strukturierten Programmierung (s.Abschn. 4.2.1).

APL (a programming language) ist eine Dialogsprache für anspruchsvolle mathematische Probleme, auch aus dem Bereich der Wirtschaftsmathematik.

COBOL (common business oriented language) ist die in der kaufmännischen DV am meisten verwendete Sprache.

APT (automatically programmed tools) dient zur numerischen Steuerung von Werkzeugmaschinen. Oft wird die Teilsprache EXAPT benutzt. Sie gliedert sich in drei Teile für Bohren, Fräsen und Drehen. Hier erfolgt die Eingabe meist über Lochstreifen oder Magnetband.

PEARL (process and experiment automation realtime language) wird in der Prozeßdatenverarbeitung eingesetzt. Sie ermöglicht die sog. Echtzeit-Verarbeitung: das Programm muß in der gleichen Zeit ablaufen wie ein tatsächlicher technischer Prozeß.

Ferner gibt es Programmiersprachen für Dokumentation, Logistik, Schreiben von Lehrprogrammen und anderer Gebiete.

2.3 BETRIEBSARTEN

Die folgenden Betriebsarten erfordern ein enges Zusammenwirken von hardware und software, das nun nicht mehr im einzelnen beschrieben wird.

Mit einem Tischrechner kann nur ein Programm nach dem anderen verarbeitet werden. Diese einfachste Betriebsart wird bei Rechenanlagen Stapelverarbeitung (batch processing) genannt, weil früher jedes Programm aus einem Lochkartenstapel bestand.

Beim Teilnehmerbetrieb (time sharing) arbeiten scheinbar gleichzeitig, in Wirklichkeit abwechselnd zwischen 5 und 100 verschiedene Teilnehmer mit der ZE. Im einfachsten Fall bekommt jeder Teilnehmer in gleichen Intervallen von etwa 2 s für eine wesentlich kürzere Zeit von etwa 0.2 s die ZE zur Verfügung gestellt. Die Operationen, die er zwischenzeitlich ausführt, z.B. Eintasten von Zeichen, gelangen zunächst in einen Pufferspeicher und werden erst zur ZE übertragen, wenn er wieder an der Reihe ist. Bei diesem Verfahren müssen bei jedem Teilnehmerwechsel Programme und Dateien aus dem Zentral- in periphere Speicher und umgekehrt transportiert werden.

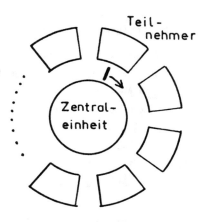

Bild 6   Teilnehmerbetrieb

Beim <u>Mehrprogrammbetrieb</u> (multiprogramming) werden ebenfalls scheinbar gleichzeitig, in Wirklichkeit überlappt, mehrere Programme verarbeitet. Im Unterschied zum Teilnehmerbetrieb wird hier eine Prioritätenfolge festgelegt. Nur wenn ein Programm höherer Priorität das Rechenwerk nicht benutzt, weil z.B. eine E/A stattfindet, kann ein Programm niederer Priorität rechnen, sonst muß es warten. In Bild 7 hat Programm 1, das zweckmäßigerweise E/A intensiv ist, die höhere Priorität vor dem rechenintensiven Programm 2.

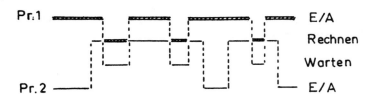

Bild 7   Mehrprogrammbetrieb

2.4 AUFGABEN

Alle Fragen sind aus dem Gedächtnis zu beantworten.

1. Worin besteht der Unterschied zwischen einem Digital- und einem Analogrechner ?

2. Warum arbeitet ein Digitalrechner nur mit zwei Zeichen ?

3. Was versteht man unter einem "direktem Zugriff" zu einem Speicher ? Wie heißt die andere Art von Speichern ?

4. Aus welchen Funktionseinheiten besteht die Zentraleinheit ?

5. Aus welchen Programmteilen besteht die Systemsteuerung des Betriebssystems ?

6. Worin besteht der Unterschied bei der Übersetzung eines Programmes durch einen compiler und einen interpreter ?

7. Zu welchen Teilen des Betriebssystems gehören folgende Programme:
a) Übertragen eines Programms vom Magnetband in den Zentralspeicher
b) Herstellen der Verbindung von der ZE zum Drucker
c) Organisieren eines Teilnehmerbetriebs ?

8. Nennen Sie Namen problemorientierter Programmiersprachen, mit denen man technische Probleme lösen kann.

9. Worin besteht der Unterschied zwischen einem Teilnehmer- und einem Mehrprogrammbetrieb ?

10. Erläutern Sie mit einigen Stichworten die folgenden Begriffe
a) chip b) Diskette c) firmware d) processor e) Festwertspeicher f) symbolische Adresse g) Kanal h) Speicherzelle i) Steuersprache k) virtueller Speicher l) Anwendungssoftware

3 ENTWICKLUNG EINES PROGRAMMS

3.1 PROBLEMANALYSE

> In der Problemanalyse sind das Ziel, die zum Erreichen erforderlichen Mittel, sowie die Grundsätze der Verarbeitung exakt zu beschreiben.

Die <u>Zielbeschreibung</u> umfaßt im einfachsten Fall eine genaue Aufzählung von Form (Bildschirm, Papier) und Inhalt der Ergebnisse, die das Programm liefern soll. Eine zweckmäßige Abgrenzung der Leistung eines Programms erfordert viel Erfahrung. Je vielseitiger ein Programm ist, umso schwieriger und störanfälliger wird seine Bedienung. Häufig tritt bei der Zielbeschreibung ein sog. Zielkonflikt auf: es gibt mehrere wünschenswerte Ziele, die sich gegenseitig ausschließen, z.B. niedrige Kosten und hohe Qualität. Näheres s. Abschn. 4.2.2.

Dann ist zu klären, welche <u>Mittel</u> zum Erreichen des Ziels erforderlich sind. Im einfachsten Fall geht es um Form und Inhalt der Eingabedaten. Oft zeigt sich, daß für eine computergerechte Eingabe organisatorische Umstellungen im Betrieb erforderlich sind. Hier sind grundsätzliche Entscheidungen erforderlich, ob das angestrebte Ziel den Einsatz der dazu notwendigen Mittel rechtfertigt.

Schließlich sind die <u>Verarbeitungsgrundsätze</u> zu klären. Sollen die Programme im Betrieb geschrieben oder in Auftrag gegeben werden ? Ist das Rechenzentrum materiell und personell in der Lage, bei vorhandenen Programmen die gestellte Aufgabe zu lösen ? Welche Betriebsart des Rechners (s.Abschn. 2.3) ist am vorteilhaftesten ?

Bei größeren Problemen wird die Problemanalyse in Gruppenarbeit durchgeführt. Erst wenn die vorstehenden Fragen vollständig geklärt sind, kann dem Programmierer ein klar definierter Auftrag erteilt werden.

3.2 ARBEITSSCHRITTE BEI DER HERSTELLUNG

Die Herstellung kann grob in zwei Phasen gegliedert werden: den <u>Entwurf</u> und die anschließende <u>Implementierung</u> (Realisierung) des Programms. Im folgenden wird eine genauere Gliederung gegeben, die als Prüfliste bei einer tatsächlichen Herstellung dienen kann. Dabei entsprechen die Ziffern 1 bis 5 dem Entwurf und die Ziffern 6 bis 9 der Implementierung. Die verschiedenen Schritte werden zunächst nur stichwortartig aufgeführt und anschließend genauer erläutert. In Beisp. 8, S. 62 wird die Anwendung auf ein Programm gezeigt. Wertvolle weitere Hinweise findet man in [21].

1. Übersetzen des technischen Problems in mathematische Form. Sollen z.B. in einem Gleichstromnetz bei gegebenen Widerständen und Spannungen die Zweigströme berechnet werden, so ist ein lineares Gleichungssystem aufzustellen.

2. Auswahl eines geeigneten numerischen Lösungsverfahrens. Für das vorstehende Gleichungssystem z.B. Gauß-Algorithmus oder Austauschverfahren [4].

3. Rechnen von Testbeispielen mit einem Taschenrechner. Dabei nicht nur sehr einfache Daten wählen, weil dann oft Fehler im Programm nicht erkannt werden. Ferner ist hier bereits an Sonderfälle zu denken, z.B. Koeffizientenmatrix gleich Null beim vorstehenden Gleichungssystem.

4. Analyse der Ein- und Ausgabedaten.

5. Programmablaufplan herstellen.

6. Schreiben des Programms in einer Programmiersprache. Dies wird manchmal Codieren genannt.

7. Testen des Programms mit den Zahlenwerten von Ziff. 3.

8. Anfertigen einer Programmbeschreibung.

9. Anleitung für den Benutzer schreiben.

Zunächst sei die für alles weitere ausschlaggebende Bedeutung der Ziffern 1 und 2 betont. Sie werden im folgenden stets als richtig gelöst vorausgesetzt. Es ist nicht möglich, im Rahmen dieser Einführung "Ansätze" zu üben. Die in den folgenden Beispielen gezeigten numerischen Verfahren werden bei zahlreichen technischen Problemen benötigt. Ferner kann in einer Einführung nicht auf die wichtigen Fragen der numerischen Konvergenz von Näherungsverfahren und der Fehlerfortpflanzung eingegangen werden. Genaueres hierzu findet man z.B. in [3].

Auch die Ziffer 3 wird hier nicht behandelt.

Die Ziffer 4 bildet für den Anfänger den schwierigsten Teil des Programmierens und wird deshalb erst in den Abschn. 5.6 und 8 ausführlicher behandelt. In der Praxis ist es aber unbedingt zu empfehlen, die Fragen der Datenorganisation vollständig vor dem Schreiben des Programms zu klären. Es treten folgende Fragen auf: Werden die Eingabedaten während der Verarbeitung des Programms über die Tastatur eingegeben, oder besser vorher peripher gespeichert ? In welcher Form erfolgt die Ausgabe: wieviele Zahlen sollen in einer Zeile gedruckt werden, wieviele Ziffern einer Zahl nach dem Dezimalpunkt werden ausgegeben ? In der kaufmännischen DV wird hierfür oft ein eigener Datenflußplan hergestellt, in dem der Transport und die Speicherung der Daten in den peripheren Speichern mit genormten Symbolen entsprechend dem Programmablaufplan dargestellt wird.

Die Ziffern 5 und 6 bilden das Programmieren im engeren Sinne und werden in den folgenden Abschnitten ausführlich behandelt.

Ziffer 7 wird in den Abschn. 4.2 und 9 behandelt. Bereits hier sei erwähnt, daß das Testen eines Programms etwa 50 % der gesamten Herstellungszeit erfordert.

Auch der Arbeitsaufwand für die Ziffer 8 wird oft unterschätzt. Es gibt hier bereits Verfahren, die sich der Hilfe des Rechners bedienen. Der Zweck einer Programmbeschreibung ist es, bei späteren Programmänderungen das Programm leichter zu verstehen. Sie ergänzt den Programmablaufplan. Beschreibung und Plan werden zusammen als die <u>Dokumentation</u> bezeichnet. Der Inhalt der Beschreibung soll sich auf programmiertechnische Fragen beschränken. Mathematische Beweisführungen gehören nicht hinein. Außer dem Inhalt enthält die Dokumentation auch betriebstechnische Angaben über das Programm, z.B. Name des Bearbeiters, benötigte Rechenzeit, durchgeführte Änderungen usw. Außerdem sollten hier die Testergebnisse beigefügt werden.

Ziffer 9 ist von 8 klar zu trennen. Dem Benutzer kann nicht zugemutet werden, ein Programm zu lesen und zu verstehen, ehe er es ausführt. Hier sind insbesondere genaue Angaben über die Form der Eingabedaten, Kommandos, benötigte Unterprogramme und periphere Speicher erforderlich. Es ist möglich, diese Benutzeranleitung in das Programm einzubauen und z.B. über den Bildschirm ausgeben zu lassen. Dadurch wird das Programm aber erheblich umfangreicher.

3.3 AUSFÜHRUNG

Die Art der Ausführung eines Programms hängt sehr vom benutzten Rechner und seinem Betriebssystem ab. Je komfortabler dieses ist, umso mehr nähert sich die Art der Ausführung der einfachen Bedienung eines Tischrechners. Ein Tischrechner ist sofort nach dem Einschalten betriebsbereit. Bei einer RA muß man sich zunächst anmelden (einloggen). Dies geschieht durch Eingabe eines Schlüsselwortes, durch das man sich als zugelassener Benutzer ausweist. Man erhält Speicherplatz und die verbrauchte Rechenzeit wird gemessen. Am Schluß der Bearbeitung hat man sich abzumelden.

Zunächst wird das Quellprogramm z.B. über die Bildschirmtastatur eingegeben (s.S. 16). Beim Eintasten jeder Zeile kann jedes Zeichen noch einfach korrigiert werden. Man gewöhne sich an, jede Zeile sorgfältig zu kontrollieren, ehe man sie mit einer entspr. Taste (s.S. 17) zur weiteren Verarbeitung frei gibt.

Das Quellprogramm wird in einer Datei gespeichert, die im sog. Editiermodus verändert werden kann. Nun sind im Prinzip drei Arbeitsschritte des Rechners auszuführen:

Übersetzen (compile). Wenn das Programm durch einen compiler übersetzt wird (bei FORTRAN meist der Fall), wird hierdurch eine zweite Datei mit dem Objektprogramm erzeugt, die beliebig oft abgerufen werden kann. Im Prinzip braucht jedes Programm nur einmal übersetzt zu werden. Bei einem interpreter fällt die Übersetzung mit der Ausführungsphase zusammen. Es gibt kein Objektprogramm.

Binden (link) ist das Zusammenfügen mehrerer Programme (Hauptprogramm und Unterprogramme) zu einem ausführbaren Programmsystem (s. Abschn. 7.1).

Ausführen (execute) im engeren Sinne. Hierunter versteht man die eigentliche Rechnung. In dieser Phase werden die Daten eingelesen und die Ergebnisse ausgegeben.

Im einfachsten Fall werden alle drei Schritte durch ein Steuerprogramm ausgeführt, das durch einen Namen wie RUN oder GO aufgerufen wird. Es empfiehlt sich jedoch, ein neues Programm zunächst nur übersetzen zu lassen, weil danach ggf. Fehlermeldungen ausgegeben werden und das Quellprogramm korrigiert werden kann. Danach muß eine neue Übersetzung stattfinden. Auch bei fehlerfreier Übersetzung können in der Ausführungsphase Fehler auftreten. Näheres über Testen s. Abschn. 4.2.3 und 9.

3.4 EINSATZ. WARTUNG

Der Programmierer betrachtet mit einem fehlerfreien Schlußtest seine Arbeit als beendet. Nun tritt aber das Programm erst in das "eigentliche Leben". Das Programm wird im Betrieb eingesetzt. Dazu muß ein größerer Kreis von Benutzern mit seiner Handhabung vertraut gemacht werden. Ferner sind oft organisatorische Umstellungen erforderlich. Schließlich muß jedes Programm gewartet werden. Es müssen Änderungen durchgeführt und ggf. immer noch vorhandene Fehler beseitigt werden. Die Wartungskosten eines Programms betragen bis zu 50 % der Gesamtkosten. Hieraus ersieht man, wie wichtig es ist, von anfang an, auf eine klare und übersichtliche Struktur zu achten.

4 PROGRAMMABLAUFPLAN

> Definition: Ein Programmablaufplan (program flow chart) ist die graphische Darstellung von Strukturmerkmalen eines Programms, die im wesentlichen aus Sinnbildern mit dazugehörigem Text und orientierten Verbindungslinien besteht.

Ein Programmablaufplan (auch Flußdiagramm, Blockdiagramm, im folgenden kurz Plan genannt) wird in der Praxis vor allem bei umfangreichen Problemen hergestellt, weil er anschaulicher als das eigentliche Programm ist. Auch Fehler können oft im Plan leichter erkannt werden als im Programm. Ferner kann ein Plan noch unabhängig von einer bestimmten Programmiersprache hergestellt werden. Hier werden die Pläne im Hinblick auf FORTRAN entwickelt, auch Bezeichnungen innerhalb des Plans entsprechen FORTRAN-Regeln, die im Abschn. 5 näher erläutert werden. Außer dem Programmablaufplan gibt es noch andere graphische Darstellungsmöglichkeiten der Programmstruktur.

4.1 SINNBILDER, STRUKTUREN

4.1.1 Sinnbilder

Die in der obigen Definition erwähnten Sinnbilder sind in DIN 66 001, Sinnbilder für Datenfluß- und Programmablaufpläne, genormt. Entsprechende Schablonen sind im Handel erhältlich. Die wichtigsten sind in Bild 8 dargestellt. Neben jedes Symbol dürfen Erläuterungen geschrieben werden. Der Inhalt der Sinnbilder ist nicht genormt und richtet sich z.B. danach, ob der Plan nur einen ersten groben Überblick geben soll, oder bereits im Hinblick auf eine bestimmte Programmiersprache geschrieben wird. Bei umfangreichen Problemen werden oft mehrere Pläne verschiedener "Feinheitsstufe" hergestellt. Es ist i. allg. nicht erforderlich, im Plan jede einzelne Anweisung des späteren Programms aufzuführen. Dies geschieht bei den Plänen der folgenden Beispiele nur aus didaktischen Gründen.

Das Verständnis des Begriffs Zuordnungsanweisung ist von grundlegender Bedeutung. Hier erfolgt eine erste Erklärung,

die in Abschn. 5.5 präzisiert wird. Die in einer Zuordnungsanweisung durch <u>Namen</u> bezeichneten Größen heißen in problemorientierten Programmiersprachen <u>Variablen</u>, bezw. <u>Funktionen</u>.
Ein Variablenname besteht aus einer innerhalb gewisser Regeln frei wählbaren Buchstabenkombination, die Funktionsnamen liegen fest.

> In Plan und Programm bedeutet ein Name die <u>symbolische Adresse</u> einer Speicherzelle, in der der Zahlenwert der betr. Variablen, bezw. der Funktionswert gespeichert ist.

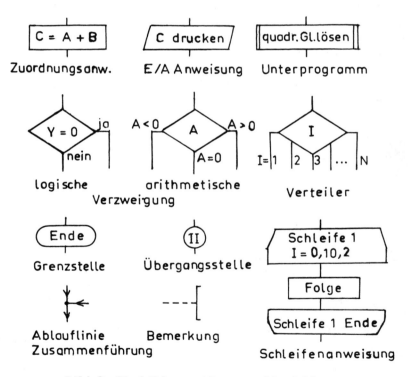

Bild 8 Sinnbilder von Programmablaufplänen

Die Begriffe Variable und Funktion stimmen also beim Programmieren nur bedingt mit der üblichen mathematischen Bedeutung überein. Der Begriff symbolische Adresse wurde auf S. 29 erklärt. Die im Plan durch Ziffern dargestellten Zahlen heißen Konstanten und bedeuten die Zahlen selbst (also nicht etwa die echten Adressen der Speicherzellen).

Die Zuordnungsanweisung wird in diesem Abschnitt nur für arithmetische Operationen benutzt, sie wird dann auch arithmetische Anweisung genannt. Es gibt aber auch noch andere Arten der Zuordnung. Die Anweisung hat folgende Wirkung: die Operationen, die auf der rechten Seite angegeben sind, werden mit den Konstanten und den Zahlen ausgeführt, die in den durch die Namen bezeichneten Speicherzellen stehen. Das Ergebnis wird in die Speicherzelle gebracht, deren symbolische Adresse auf der linken Seite der Anweisung steht. Dies nennt man kurz eine Wertzuweisung an eine Variable durch eine Zuordnungsanweisung.
Das hierfür benutzte Gleichheitszeichen hat also eine andere Bedeutung als in der Mathematik.

Beispiel 1. Zuordnungsanweisungen.

Zuordnungsanweisung	Erläuterung
$C = A + B$	Die Inhalte der Speicherzellen mit den symbolischen Adressen A und B werden addiert. Das Ergebnis gelangt in die Zelle C.
$X = X + DX$	Rechte Seite wie eben. Das Ergebnis gelangt in die Zelle X, deren früherer Inhalt dadurch gelöscht wird. In der Zelle X steht nach Ausführung der Anweisung der "neue" x-Wert, der z.B. zur Berechnung eines Funktionswertes gebraucht wird.
$I = I + 1$	Zum Inhalt des Indexspeichers I wird 1 addiert und bildet den neuen Inhalt. Man sagt kurz: der Index wurde um 1 erhöht.
$Y = SIN(X)$	Von der Zelle X wird der Winkel geholt, der sin-Wert gebildet und in Zelle Y gespeichert.
$X = SIN(X)$	Rechte Seite wie eben. Der sin-Wert gelangt in die Zelle, in der vorher der Winkel stand. Diese Anweisung ist sinnvoll, wenn der Winkel

nun nicht mehr gebraucht wird, weil hierdurch
eine Zelle gespart wurde. Diese Anweisung bedeutet also nicht etwa die Aufforderung zum Lösen einer transzendenten Bestimmungsgleichung.

5 = 2 + 3   Falsch, weil links keine Konstante stehen darf.
A + B = C   Falsch, weil links nur eine Variable stehen
            darf.

Auch den Variablen auf der rechten Seite einer Zuordnungsanweisung müssen in früheren Programmteilen Werte zugewiesen worden sein.

> Definition: Die erstmalige Wertzuweisung an eine Variable
> nennt man das Initialisieren dieser Variablen.

Dies kann durch eine Eingabe-, Zuordnungs- oder die in Abschn. 5.6.1 behandelte DATA-Anweisung geschehen. Viele Rechner setzen am Programmbeginn die Werte aller Variablen automatisch gleich Null. Da dies aber in der Norm nicht vorgesehen ist, wird hier kein Gebrauch davon gemacht.

Ein- und Ausgabeanweisung. In dieses Symbol werden die Namen der Variablen geschrieben, die ein- oder ausgegeben werden sollen. Das gewünschte Gerät darf hinzugefügt werden. Bei der Eingabe gelangen die Zahlen der Reihe nach in die in der Anweisung angegebenen Speicherzellen. Das hierbei auftretende Problem des Datenendes wird am Beginn des Abschn. 4.3 behandelt. Das bei der Ausgabe auftretende Problem der Plazierung der Zahlen an bestimmte Stellen des Bildschirms bzw. Papiers wird im Abschn. 5.6 behandelt. Im einfachsten Fall gelten folgende Regeln:

> Mit jeder Ausgabeanweisung wird eine neue Zeile begonnen.
> Die Werte der in der Ausgabeanweisung stehenden Variablen
> werden zeilenweise geschrieben. Die Ausgabe von Text wird
> dadurch erreicht, daß die betr. Schriftzeichen in Anführungsstriche gesetzt werden. Man benutze für jede Zeile
> eine eigene Ausgabeanweisung.

Beispiel 2. Ein- und Ausgabeanweisungen.

E/A Anweisung	Erläuterung
A, B, C eingeben	Wenn diese Anweisung im Programm erreicht wird, wartet der Rechner, bis über die Tastatur drei Zahlen, durch Komma oder Zwischenraum getrennt, eingegeben worden sind. Nach der letzten Zahl ist die ENTER-Taste zu drücken. Bei Dateneingabe mit Lochkarten werden von der z. Zt. der Ausführung dieser Anweisung in der Lesestation des Lochkartenlesers befindlichen Karte drei Zahlen gelesen. Dann wird das Programm fortgesetzt. In beiden Fällen werden die Zahlen umcodiert und gelangen in die Zellen mit den symbolischen Adressen A, B und C.
'X Y' drucken	Es werden die Buchstaben X Y und die dazwischenliegenden Zwischenräume (blanks) gedruckt.
X, Y drucken	Von den Zellen mit den symbolischen Adressen X und Y werden die Werte geholt, umcodiert und in einer Zeile gedruckt. Wenn die vorstehende und diese Anweisung aufeinander folgen, so werden in der 1. Zeile die Buchstaben X Y und in der folgenden Zeile die "entsprechenden" Zahlenwerte gedruckt.
'X = ', X	Ist der dezimale Inhalt der Zelle X der Wert 5, so wird gedruckt X = 5

Unterprogramm (UP). Mehrere Anweisungen, die eine Teilaufgabe des Programms lösen, können zu einem UP zusammengefaßt werden. In das Sinnbild wird die Aufgabenstellung geschrieben. Im Rahmen der strukturierten Programmierung (s. Abschn. 4.2.1) spielt das Aufteilen eines Programms in UP'e eine wichtige Rolle und wird in Abschn. 7 ausführlich behandelt.

Verzweigungen bilden das wichtigste Strukturmerkmal der Pläne. Es gibt verschiedene Formen:

1. Im Sinnbild steht ein logischer Ausdruck, der entweder wahr (ja) oder falsch (nein) ist. Je nachdem wird das Programm auf zwei verschiedenen Wegen fortgesetzt. Man sagt: die Verzweigung hat zwei Ausgänge (s. Beisp. 4 , S. 55). Eine einfache Form des logischen Ausdrucks ist eine der folgenden Relationen

zwischen zwei arithmetischen Ausdrücken, eine sog. Bedingung

| = gleich | > größer als | $\geq$ größer oder gleich |
| $\neq$ ungleich | < kleiner als | $\leq$ kleiner oder gleich |

Beispiele: $x \leq x_{max}$ $y = 0$ sind logische Ausdrücke.
Der Anfänger stelle sich nach jeder Zeichenfolge ein Fragezeichen vor. Die Zeichenfolge $y = 0$ kann auch eine arithmetische Anweisung bedeuten. Welche Bedeutung gemeint ist, ergibt sich daraus, in welchem Sinnbild die Zeichenfolge steht.

2. Im Sinnbild steht ein <u>arithmetischer Ausdruck</u>. Sein Wert ist positiv, Null oder negativ. Je nachdem wird das Programm auf drei verschiedenen Wegen fortgesetzt.

Beispiele: $x - x_{max}$ y sind arithmetische Ausdrücke.

3. Im Sinnbild steht eine <u>Variable</u>. Ihr Wert muß ganz und positiv sein. Er bedeutet die Nummer des Zweiges, der anschliessend eingeschlagen wird. Eine derartige Verzweigung mit mehr als drei Ausgängen nennt man einen <u>Verteiler</u> oder eine Fallunterscheidung (s. Beisp. 11 , S. 69).

Die <u>Schleifenanweisung</u> wird in Abschn. 4.1.2 behandelt.

<u>Grenzstellen</u> sind Anfang und Ende des Programms. Es ist ein typischer Anfängerfehler, "endlose" Programme zu schreiben. Im Programm müssen präzise Bedingungen angegeben werden, wann das Symbol "Ende" erreicht wird.

<u>Ablauflinie und Zusammenführung</u>. Alle Sinnbilder werden durch Ablauflinien verbunden, die in Zweifelsfällen mit Richtungspfeilen zu versehen sind. Vorzugsrichtungen sind von oben nach unten und von links nach rechts. Bei einer Zusammenführung verschiedener Wege sind Pfeile anzugeben. Sich kreuzende Linien ohne Pfeile bedeuten keine Zusammenführung, sollten aber vermieden werden.

<u>Übergangsstellen</u> werden benutzt, wenn eine Ablauflinie nicht bis zum nächsten Sinnbild oder bis zu einer Zusammenführung ge-

zeichnet werden kann. Die Ablauflinie endet dann in einer
Übergangsstelle, in die ein beliebiges Zeichen geschrieben
wird. Die Fortsetzung findet an einer zweiten Übergangsstelle
mit dem gleichen Zeichen statt. Ein Übergang darf von mehreren
Stellen zur gleichen Stelle erfolgen, aber nicht umgekehrt
(das wäre eine Verzweigung ohne Bedingung).

Bemerkungen dürfen neben jedes Sinnbild geschrieben werden.

4.1.2 Strukturen

Die beschriebenen Sinnbilder werden nun zu Programmstrukturen
zusammengesetzt. Ähnlich wie in der Mathematik sind auch hier
die Grundbegriffe und Regeln der Strukturen unabhängig von
einem speziellen Inhalt. Ein wesentlicher Lösungsschritt bei
Programmieraufgaben besteht darin, vom Inhalt der betr. Aufgabe zu abstrahieren und die Programmstruktur zu erkennen. Deshalb werden zunächst die Grundbegriffe der Strukturtheorie
unabhängig von bestimmten Beispielen erklärt. Diese folgen
anschließend gemeinsam in Abschn. 4.3. Es kann gezeigt werden,
daß sich jedes Programm nur aus den drei folgenden Strukturen
zusammensetzen läßt.

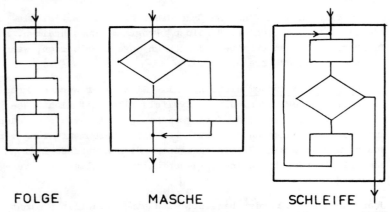

FOLGE   MASCHE   SCHLEIFE

Bild 9 Grundstrukturen

Definition: Enthält ein Programmteil keine Verzweigungen, so heißt er Folge (Sequenz) von Anweisungen. Werden im Anschluß an eine Verzweigung verschiedene Wege durchlaufen, die sich an einer späteren Stelle des Programms wieder treffen, entsteht eine Masche (Alternative). Die einzelnen Wege heißen die Zweige der Masche. Wird ein Programmteil in Abhängigkeit vom gewählten Ausgang einer Verzweigung entweder nochmals durchlaufen oder verlassen, so ist dies eine Schleife (Iteration).

Bei den Schleifen werden verschiedene Spezialfälle unterschieden. Die in Bild 9 gezeigte allgemeine Form hat keinen besonderen Namen und läßt sich in FORTRAN nur recht umständlich realisieren. Man versuche deshalb, das Programm so zu gestalten, daß nur die obere der beiden Folgen auftritt, die Verzweigung also am Ende der Schleife steht. Man spricht dann von einer nicht abweisenden oder Wiederholungsschleife. Sie wird mindestens einmal durchlaufen. Fehlt die obere der beiden Folgen, so heißt sie eine abweisende oder Bedingungsschleife (s.S. 105). Ferner gibt es noch einen weiteren Spezialfall, der so häufig auftritt, daß es hierfür ein eigenes Symbol im Plan und eine entsprechende FORTRAN-Anweisung gibt.

Definition: Eine Schleife, bei der die Anzahl der Durchläufe vor dem ersten Durchlauf bekannt ist, heißt eine Zählschleife (induktive Schleife).

Bei Zählschleifen tritt eine Laufvariable auf. Ihr Anfangswert, Endwert und die Schrittweite müssen vor dem ersten Durchlauf der Schleife bekannt sein. Die in Bild 10 benutzten Namen I, I1, I2 und DI sind frei wählbar. Wenn I2 > I1 ist, muß DI > 0 sein, andernfalls DI < 0. Aus diesen Werten kann die Anzahl N der Durchläufe als ganzzahliger Anteil von

$$N = (I2 + DI - I1)/DI$$

berechnet werden.

Die Wirkungsweise der
Schleife ergibt sich aus
dem linken Bild 10. Man beachte,
daß nach dem Verlassen
der Schleife die Variable
I einen anderen Wert
hat als beim letzten Durchlauf.
Der Vorteil des rechten
Symbols liegt darin,
daß in ihm alle Anweisungen
des linken enthalten
sind.

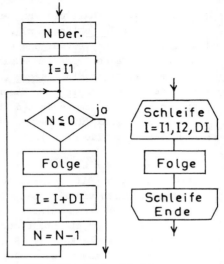

Bild 10   Zählschleife

Beispiele: Im Plan steht
I = 1, 7, 2   die Schleife
wird mit I = 1 3 5 7
durchlaufen. Im Plan steht
I = 2.5, 1.0, -0.5 die
Schleife wird mit
I = 2.5 2.0 1.5 1.0 durchlaufen. Die verschiedenen Werte
von I werden i. allg. innerhalb der Folge gebraucht. In beiden
Fällen ergibt sich mit der Formel von S. 45 N = 4 .

Häufig treten in einem Programm mehrere Zählschleifen auf.
Die wichtigsten Strukturen sind in Bild 11 dargestellt. Die
entsprechenden Regeln lauten:

1. <u>Schachteln</u> mehrerer Schleifen ist erlaubt. Diese Struktur
hat die folgende Wirkung: Zunächst wird die innere Schleife
abgearbeitet. Dann wird die Laufvariable der äußeren Schleife
geändert und die innere Schleife wird wieder von vorn (d.h.
mit dem Anfangswert ihrer Laufvariablen) durchlaufen. Bei den
meisten Rechnern können mindestens 10 Schleifen geschachtelt
werden. Für den Anfänger besteht das Problem darin, diese
häufige Struktur aus der Aufgabenstellung zu erkennen. Weiteres
s. Beisp. 7, S. 60.

2. <u>Überlappen</u> mehrerer Schleifen ist verboten.

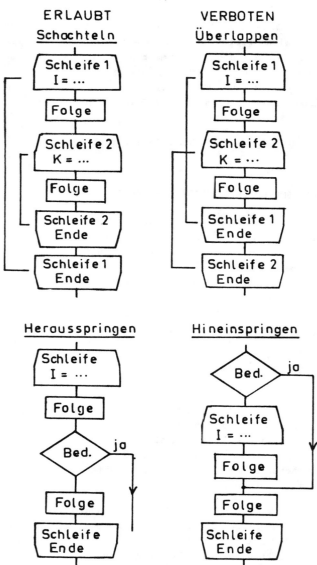

Bild 11 Regeln für Schleifen

3. <u>Herausspringen</u> aus einer Schleife ist erlaubt. Wenn heraus
gesprungen wird, bleibt der letzte Wert von I erhalten und kann
im weiteren Verlauf des Programms benutzt werden. Hiermit kann
das Zählen vom Rechner übernommen werden. Man setzt z.B. I1 = 0,
DI = 1 und für I2 einen Wert, der nie erreicht wird. Beim Herausspringen ist I die Anzahl der Durchläufe. Dies ist ein
gern benutzter "Programmiertrick".

4. <u>Hineinspringen</u> in eine Schleife ist verboten.

4.2 ARBEITSMETHODIK. QUALITÄTSMERKMALE. FEHLER

4.2.1 Strukturierte Programmierung

Die Arbeitsmethodik der Herstellung der Pläne ist eng mit den
vorstehend beschriebenen Strukturen verknüpft. Bei der hier
beschriebenen Methode sollen nur die in Bild 9, S. 44 gezeigten Grundstrukturen benutzt werden. Jede Struktur hat genau
einen Eingang und einen Ausgang und kann deshalb als eine
Anweisung betrachtet werden, die in diesem Zusammenhang oft
als <u>Modul</u> bezeichnet wird. Daraus folgt:

> Jedes Anweisungssymbol (außer den Verzweigungen) innerhalb
> einer Struktur kann durch eine Struktur ersetzt werden.

Der gesamte Plan besteht also nur aus geschachtelten Strukturen wie Bild 12 und Beisp. 8 , S. 62 zeigen. Das Gegenteil
dieses Prinzips bilden Sprünge vom Ausgang einer Verzweigung
in entfernte Teile des Programms. Hierdurch kann zwar manchmal das Programm etwas verkürzt werden. Bei späteren Änderungen verursachen derartige Sprünge aber erfahrungsgemäß viel
Mehrarbeit und Fehler.

Abgesehen von ganz einfachen Fällen können die Anweisungen
eines Planes nicht sofort in der Reihenfolge hingeschrieben
werden, in der sie endgültig stehen. Bei der Reihenfolge der
Bearbeitung gibt es zwei Möglichkeiten. Bei der "<u>top-down</u>

Methode" arbeitet man vom Großen ins Kleine. Es werden zunächst nur wenige Moduls gebildet, z.B. Eingabe - Verarbeitung - Ausgabe. Dann wird jeder dieser Moduls weiter verfeinert. Man versucht, möglichst lange ohne Verzweigungen auszu-

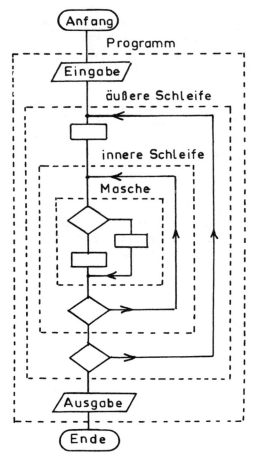

Bild 12 Geschachtelte Grundstrukturen

kommen. Viele dieser Moduls werden die in Abschn. 7 behandelten Unterprogramme sein. Wesentlich ist, daß diese Moduls unabhängig voneinander bearbeitet und getestet werden können. Diese Methode empfiehlt sich besonders bei größeren Problemen.

Bei kleinen Aufgaben (wie z.B. in diesem Buch) kommt man meist mit der umgekehrten "bottom-up Methode" schneller zum Ziel. Man beginnt mit dem mathematisch entscheidenden Schritt, der sog. zentralen Anweisung und überlegt sich, was vorher und hinterher zu tun ist, damit diese Anweisung ausgeführt werden kann.

Diese Methoden sind keine Patentrezepte. Wie bei anderen kreativen Tätigkeiten, ist auch hier oft eine "Idee" entscheidend, deren Notwendigkeit im Nachhinein nicht zwingend begründet werden kann. Andererseits gilt auch hier das Sprichwort "Übung macht den Meister".

4.2.2 Qualitätsmerkmale

Zunächst wird der Anfänger froh sein, wenn er ein Problem überhaupt gelöst hat und das Programm "läuft". In der Praxis werden aber an ein Programm eine Reihe von Qualitätsansprüchen gestellt.

> Die Qualitätsansprüche schließen sich teilweise gegenseitig aus, und man muß bereits beim Beginn der Bearbeitung klare Prioritäten setzen.

Nach [22] soll ein gutes Programm folgende Eigenschaften haben:

    korrekt   zuverlässig   benutzerfreundlich
    wartungsfreundlich   übertragungsfreundlich
    sicher   effizient   wirtschaftlich

Korrekt bedeutet, daß stets richtige Ergebnisse geliefert werden. Dies scheint eine triviale Forderung zu sein. In der Praxis tauchen aber nicht selten, selbst nach langer Benutzung, bislang unentdeckte Fehler auf. Die Entwicklung von Methoden zum Beweisen der Korrektheit eines Programmes bildet einen Forschungsschwerpunkt der Softwaretechnologie. In der Praxis hilft man sich meist mit den in Abschn. 9 erläuterten Testverfahren.

Zuverlässig ist ein Programm, wenn auch in Ausnahmefällen für den Benutzer sinnvolle Reaktionen (z.B. Fehlermeldungen) erfolgen und der Rechner nicht etwa stoppt oder sinnlose Ergebnisse ausgibt. Beispiele für Ausnahmesituationen sind: falsche Dateneingabe, oder unzulässige Operationen (Division durch Null, $\tan(\pi/2)$), die bei bestimmten, zulässigen Eingabedaten entstehen. Es ist natürlich nicht möglich, die Eingabedaten durch den Rechner auf jeden möglichen Fehler prüfen zu lassen. Oft helfen Plausibilitätskontrollen. Häufig liegen die Eingabedaten innerhalb bekannter Schranken. In jedem Fall sollten die Eingabedaten zur Kontrolle für den Benutzer wieder ausgegeben werden.

Benutzerfreundlich ist ein Programm, wenn es im Hinblick auf die Bequemlichkeit des Benutzers und nicht auf die des Programmierers geschrieben wurde. Z.B. sollten bei jeder Dateneingabe vorher die dem Benutzer geläufigen Bezeichnungen für die einzugebenden Größen angezeigt werden. Die Ausgabelisten sollten so gestaltet werden, wie es der Benutzer gewohnt ist. Je benutzerfreundlicher, umso umfangreicher ist allerdings das Programm.

Wartungsfreundlich bedeutet, daß spätere Änderungen wenig Aufwand erfordern. Dazu muß das Programm übersichtlich sein. Die Methode der strukturierten Programmierung und eine sorgfältige Dokumentation tragen wesentlich zu dieser Eigenschaft bei. Ferner gebe man den Variablen aussagekräftige Namen, auch wenn dadurch einige Buchstaben mehr geschrieben werden müssen. Auch die Einführung von an sich überflüssigen Zwischengrößen trägt zur Übersichtlichkeit bei.

Übertragungsfreundlich ist ein Programm, wenn es möglichst ohne Änderungen auch auf einem anderen Rechner läuft. Um dies zu erreichen, halte man sich an die genormten Regeln der Programmiersprache und mache von Spezialeffekten des eigenen Rechners keinen Gebrauch.

Sicher bedeutet, daß das Programm und die Daten vor unbefugter Benutzung geschützt sind und ggf. den Bestimmungen des Datenschutzgesetzes Rechnung getragen ist. Hierfür stehen Dienstprogramme des Betriebssystems zur Verfügung.

Effizient ist ein Programm, wenn es mit wenig Betriebsmitteln auskommt. Die wichtigsten Betriebsmittel sind der verbrauchte Platz im Zentralspeicher und die Rechenzeit. Die Minimierung beider Größen schließt sich oft gegenseitig aus. Bei Tischrechnern ist oft die Kapazität des Zentralspeichers der Engpass. Bei Rechenanlagen ist meist die verbrauchte Rechenzeit zu bezahlen. Hinweise, wie man hier sparen kann, erfolgen in Abschn. 4.3.

Wirtschaftlich bedeutet, daß der Nutzen des Programms in vertretbarer Relation zu seinen Kosten steht. So wäre es z.B. unwirtschaftlich, einen Groß-Rechner lediglich zum Lösen einer quadratischen Gleichung zu bemühen.

4.2.3 Fehler. Schreibtischtest

Eine Reihe von Fehlern sind unabhängig von einer bestimmten Programmiersprache und können bereits im Plan erkannt werden. Die häufigsten sind:

<u>Schreibfehler in Formeln.</u> Formale Verstöße gegen die Regeln der Programmiersprache werden spätestens bei der Übersetzung, manchmal schon bei der Eingabe vom Rechner erkannt. Falsche Vorzeichen, falsche Werte von Konstanten (z.B. Vertauschen zweier Ziffern), ein fehlendes Klammernpaar u.ä. können hingegen vom Rechner nicht erkannt werden.

<u>Initialisierungsfehler.</u> Das Initialisieren einzelner Variabler wird vergessen.

Schleifenfehler. Bei Zählschleifen wird ein Durchgang zu viel oder zu wenig ausgeführt. Es sei wiederholt, daß die Laufvariable nach dem Verlassen der Schleife einen anderen Wert hat als beim letzten Durchgang. Bei Wiederholungsschleifen wird ein falscher oder kein Ausgang gefunden. Ein falscher Ausgang entsteht z.B. bei einer Abfrage $\varepsilon < 10^{-6}$, wenn ε auch negative Werte annehmen kann. Offensichtlich soll die Schleife verlassen werden wenn $\varepsilon \approx 0$ ist, sie wird aber auch bei $\varepsilon = -5$ verlassen. Es wurde vergessen, von ε den Absolutwert zu bilden (s.Beisp.10, S.66). Kein Ausgang wird gefunden, wenn eine Variable auf Null oder zwei Variable auf Gleichheit abgefragt werden, dieser Wert aber infolge von Rundungsfehlern nie erreicht wird. In diesem Fall wird der Programmablauf nach einer bestimmten Rechenzeit automatisch gestoppt. Weiteres s.Abschn.9.

Der Schreibtischtest empfiehlt sich zur Kontrolle des Plans. Hierbei wird der Plan mit einfachen Testwerten Schritt für Schritt durchgearbeitet. Dabei ist insbesondere auf den richtigen Einlauf von Maschen und den Ausgang von Schleifen zu achten. Zum Erkennen der Wirkungsweise von Schleifen kann eine Tabelle angelegt werden, in der für jeden Durchlauf der Schleife Schritt für Schritt die Werte aller Variablen berechnet werden. Dies ist insbesondere wichtig, wenn die Werte des nächsten Durchlaufs von denen des vorhergehenden abhängig sind.

Dieses Verfahren ist anfangs etwas mühsam. Aber man gewinnt hier schnell Routine und vor allem Verständnis für die Arbeitsweise eines Rechners. Letztlich wird auch Arbeitszeit gespart, denn es ist einfacher, einen Plan zu korrigieren als ein bereits in den Rechner eingegebenes Programm.

Beispiel 3. Schreibtischtest_eines_Plans.

Mit einer Tafel ist zu ermitteln, welche Werte von Z durch den Plan des Bildes 13 berechnet und gedruckt werden.

Mathematisch handelt es sich um die Berechnung einer sehr einfachen Funktion der beiden unabhängigen Variablen X und Y.

Für die Reihenfolge, in der
die Z-Werte berechnet werden,
ist entscheidend, daß zunächst
die innere, dann die äußere
Schleife abgearbeitet wird
(s.S. 46). Die Werte der folgenden Tafel werden also zeilenweise erhalten.

	Y 5	10	15
1. Durchlauf 3	8	13	18
2. Durchlauf 6	11	16	21
3. Durchlauf 9	14	19	24

der inneren
Schleife

Nach der Regel auf S. 41 werden
alle z-Werte einzeln untereinander
gedruckt. Um sie in Form der
vorstehenden Tafel zu erhalten,
müßten indizierte Variable benutzt werden (Abschn. 6.1).

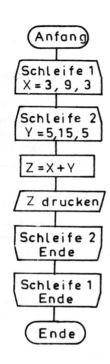

Bild 13 Schreibtischtest

4.3 BEISPIELE

Für jedes Beispiel wird hier ein Plan entwickelt und in einem späteren, hier zitierten Beispiel das entsprechende FORTRAN-Programm. Die Beispiele sind nach steigendem Schwierigkeitsgrad geordnet. Zunächst wird ein allgemeines Problem behandelt.

Datenende

Die Stärke von Programmen besteht darin, daß sie sowohl für beliebige Werte einer Größe als auch für eine beliebige Anzahl von Größen geschrieben werden können. Das Problem des Datenendes entsteht, wenn die Anzahl der Eingabedaten beliebig ist. Im folgenden werden die häufigsten Fälle geschildert.

1. Die Anzahl der Eingabedaten liegt durch das Problem fest. Beispiel: Drei Koeffizienten einer quadratischen Gleichung. Lösung: Die Eingabeanweisung enthält die Namen aller Daten.

2. Die Anzahl der Eingabedaten ist bei jedem Programmablauf verschieden, wird aber als Zahlenwert eingegeben. Beispiele: n+1 Koeffizienten einer Gleichung n-ten Grades; Zeilen- und Spaltenzahl einer (m,n)-Matrix. Lösung: Die Eingabedaten werden mit einer Zählschleife gezählt (s. Beisp. 31, S. 124).

3. Die Anzahl der Eingabedaten ist beliebig. Beispiele: Bilden einer Produktsumme von beliebig vielen Summanden; Lösen einer beliebigen Anzahl von quadratischen Gleichungen. Lösung: Es muß eine __Abfrage auf das Datenende__ erfolgen. Hierfür gibt es verschiedene Möglichkeiten:

3.1 Das Datenende wird durch eine nicht genormte Zeichenfolge, den sog. EOF-Satz (end of file record) angegeben. Beim hier benutzten Rechner entsteht er durch zweimaliges Drücken der ENTER-Taste, bei Lochkarteneingabe sind es oft die Zeichen /* . In FORTRAN kann diese Abfrage mit der Leseanweisung verknüpft werden. S. Beisp. 6, S. 58.

3.2 Man definiert bestimmte Zahlenwerte wie z.B. 10^{10} oder 99999 als Datenende. Dies ist sinnvoll, wenn es für ein Problem "sinnlose" Werte gibt wie z.B. negative Werte für viele physikalische Größen, oder alle Koeffizienten gleich Null bei einer quadratischen Gleichung. Die Abfrage auf das Datenende ist dann gleichzeitig ein Fehlerausgang, s. Beisp. 9, S. 65. Ferner ist diese Methode zu empfehlen, wenn nach einem 1. Datenende im gleichen Programm mit dem gleichen Gerät nochmals Daten eingelesen werden sollen. Näheres hierzu s.S. 97.

__Beispiel 4.__ __Sortieren von drei Zahlen__. (FORTRAN Beisp. 21, S.111). In den Speicherzellen mit den symbolischen Adressen A, B und C stehen drei Zahlen. Sie sind so zu ordnen (sortieren), daß am Schluß des Programms in A die kleinste, in B die mittlere und in C die größte Zahl steht. Mit diesem Beispiel soll nochmals verdeutlicht werden, daß A, B und C symbolische Adressen und nicht etwa "die Zahlen selbst" sind. Dies wird von nun an nicht mehr jedesmal ausdrücklich betont, sondern die folgende, abgekürzte Ausdrucksweise benutzt.

Der Grundgedanke des Plans (Bild 14) besteht darin, zunächst A mit B, dann A mit C und schließlich B mit C zu vergleichen. Stehen die Zahlen richtig, wird der nächste Vergleich durch-

geführt, andernfalls wird vorher vertauscht. Das Tauschen wird
als Unterprogramm durchgeführt. Zu dessen Verständnis sei
wiederholt, daß der Inhalt einer Zelle automatisch gelöscht
wird, wenn durch eine Anweisung ein neuer Inhalt eingespeichert wird. Deshalb ist zum Tauschen der Hilfsspeicher H erforderlich.

Im Sinne der strukturierten Programmierung besteht der Plan
aus einer Folge von fünf Moduls: Eingabe, dreimal Tauschen,
Ausgabe. Wenn eine vierte Zahl zum Sortieren hinzukäme, so
brauchte man bereits 6 Vertauschungen. Allgemein bei n Zahlen
$\binom{n}{n-2}$ Vertauschungen. In der hier gezeigten Form ist dann das
Problem nicht mehr lösbar. Da das Sortieren z.B. in der Statistik häufig gebraucht wird, zeigt Beisp. 33, S. 127 ein
allgemeines Sortierprogramm.

Beispiel 5. Funktionstafel. (FORTRAN Beisp. 22, S. 112).
Es sind für $1.0 \leq x \leq 2.0$ mit $\Delta x = 0.1$ die Funktionswerte
$y_1 = x^2$ und $y_2 = x^3$ zu berechnen und zu drucken.

An diesem Beispiel ist typisch, daß das Berechnen der Funktionswerte, das beim nicht programmierten Rechnen den wesentlichen Teil der Arbeitszeit beansprucht, hier auch bei komplizierteren Gleichungen durch wenige Anweisungen erledigt
werden kann. Andererseits muß hier auf Dinge geachtet werden,
die beim nicht programmierten Rechnen selbstverständlich sind,
wie z.B. das Programmende.

Bei der auf S. 50 beschriebenen bottom-up Methode fragt man
nach den zentralen Anweisungen und schreibt sie als erste hin.
Dies sind hier die Anweisungen zum Berechnen der Funktionswerte. Man beachte, daß der Wert y_2 aus dem von y_1 berechnet werden kann. Derartige Zusammenhänge bestehen oft auch bei komplizierteren Ausdrücken. Nach der Berechnung wird ein Wertetripel gedruckt.

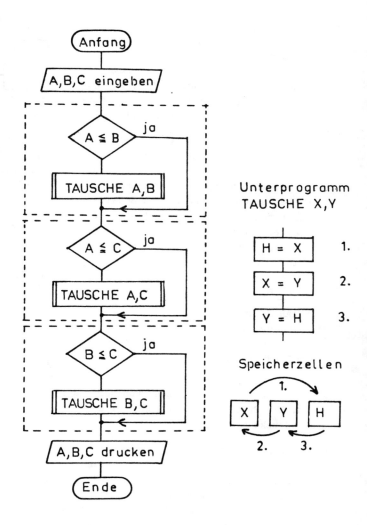

Bild 14 Sortieren von drei Zahlen

Die entscheidende Idee dieses Programms
besteht nun darin, nach dem Drucken des
ersten Wertetripels nicht etwa die Anweisungen
zum Berechnen der Funktionsgleichungen
nochmals hinzuschreiben, sondern
zu erkennen, daß hier eine Schleife vorliegt,
die mit der Schleifenanweisung
programmiert werden kann.

Es ist erst sinnvoll mit dem Erlernen
der Regeln einer Programmiersprache zu
beginnen, wenn derartige Programmstrukturen
bei einem Problem dieses Schwierigkeitsgrades
mühelos erkannt werden.
Die Beisp.7, S.60, 32, S. 126
zeigen die Berechnung weiterer Funktionstafeln.

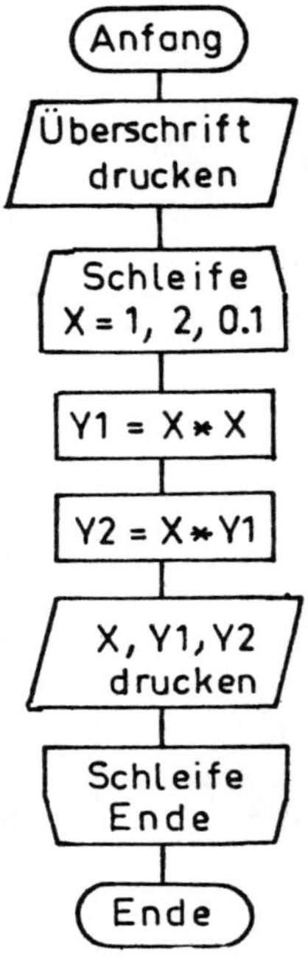

Beispiel 6. Produktsumme.

(FORTRAN Beisp.23, S. 113).
Eine in der numerischen Mathematik
häufige Operation ist das Bilden
einer Produktsumme

Bild 15

$$s = a_1b_1 + a_2b_2 + a_3b_3 + \ldots + a_nb_n = \sum_{i=1}^{n} a_i b_i$$

Es wird eine beliebige Anzahl von Wertepaaren a_i, b_i eingegeben.
Die Summe und die Anzahl der Summanden soll berechnet
und gedruckt werden.

Im Unterschied zum vorigen Beispiel wird hier mit der topdown
Methode gearbeitet. Im einfachsten Fall besteht sie darin,
sich von Anfang an den jeweils nächsten Schritt zu überlegen.
Im einfachsten Fall ist dieser Schritt eine Anweisung,
im allgemeinen ein Modul. Hier ist zunächst eine Überschrift
zu drucken. Der Einfachheit halber soll sie nur aus den Buchstaben
A und B, den Bezeichnungen für die Operanden, bestehen.
Unter diese Buchstaben werden später die eingegebenen Zahlen

gedruckt. Nun darf nicht vergessen werden, die Variablen zu initialisieren. Bei größeren Programmen überblickt man am Anfang nicht sämtliche auftretende Größen. Hier sind der Summenspeicher SUM und der Zählspeicher N gleich Null zu setzen. Nun wird das erste Wertepaar eingegeben. Dadurch werden die Zellen A und B initialisiert. Bereits an dieser Stelle sollte man das entscheidende Problem dieses Programms erkennen: müssen die beliebig vielen einzugebenden Zahlen in 2n verschiedenen Zellen gespeichert werden ? Aus der Aufgabenstellung ergibt sich, daß dies nicht der Fall ist. Es genügen die beiden Zellen A und B. (Andernfalls wäre mit sog. indizierten Variablen zu arbeiten, die in Abschn. 6 behandelt werden).

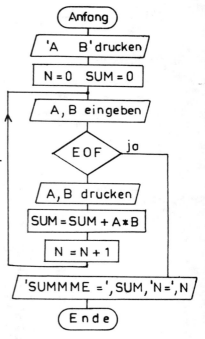

Bild 16   Produktsumme

Sofort nach der Dateneingabe ist das Datenende abzufragen. Wenn es erreicht ist, soll die Summe und die Anzahl der Summanden gedruckt werden. Diese Anweisungen können bereits hingeschrieben werden, obwohl diese Werte noch nicht berechnet sind. Damit wäre bereits das Programmende erreicht. Nun ist der Nein-Zweig der Abfrage auf das Datenende zu bearbeiten. Zur Kontrolle soll jedes eingegebene Wertepaar wieder ausgegeben werden. Dann erst gelangt man zur zentralen Anweisung SUM = SUM + A * B. Zum jeweiligen Inhalt des Summenspeichers wird der nächste Summand addiert. Nun ist noch der Zähler um Eins zu erhöhen und dann kann zur Eingabe des nächsten Wertepaares zurückgesprungen werden. - Strukturell handelt es sich um eine Schleife in der allgemeinen Form wie in Bild 9, S. 44.

Beispiel 7. Tafel der Hyperbelfunktionen. (FORTRAN Beisp. 24, S.113). Es ist eine Tafel der Hyperbelfunktionen sinh x, cosh x und tanh x für $0 \leq x \leq 5.0$ mit $\Delta x = 0.01$ zu berechnen und zu drucken.

Die Hyperbelfunktionen sind in FORTRAN enthalten. Das Problem liegt hier in der Analyse der Ausgabedaten und den entsprechenden FORTRAN-Anweisungen. Auch das Ermitteln der hier gegebenen "Eingabedaten" Anfangswert, Endwert und Schrittweite der Tafel ist nicht immer einfach. Insbesondere ist es nicht selbstverständlich, daß die gesamte Tafel mit einer konstanten Schrittweite berechnet wird. Häufig wird z.B. gefordert, daß an allen Stellen der Tafel linear interpoliert werden darf.

X	SINH(X)	COSH(X)	TANH(X)	X
0.00	0.0000	1.0000	0.000000	0.00
0.01	0.0100	1.0000	0.010000	0.01
0.02	0.0200	1.0002	0.019997	0.02
0.03	0.0300	1.0005	0.029991	0.03
0.04	0.0400	1.0008	0.039979	0.04
0.05	0.0500	1.0013	0.049958	0.05
0.06	0.0600	1.0018	0.059928	0.06
0.07	0.0701	1.0025	0.069886	0.07
0.08	0.0801	1.0032	0.079830	0.08
0.09	0.0901	1.0041	0.089758	0.09
0.10	0.1002	1.0050	0.099668	0.10
0.11	0.1102	1.0061	0.109558	0.11
0.12	0.1203	1.0072	0.119427	0.12
0.13	0.1304	1.0085		0.13
0.14	0.1405	1.0098		
0.15	0.1506			0.39
0.16	0.1607			
0.17			0.379949	0.40
0.18		.0852	0.388472	0.41
		1.0895	0.396930	0.42
	.+434	1.0939	0.405321	0.43
	0.4543	1.0984	0.413644	0.44
0.45	0.4653	1.1030	0.421899	0.45
0.46	0.4764	1.1077	0.430084	0.46
0.47	0.4875	1.1125	0.438199	0.47
0.48	0.4986	1.1174	0.446243	0.48
0.49	0.5098	1.1225	0.454216	0.49
X	SINH(X)	COSH(X)	TANH(X)	X

Für die Ausgabe ist festzustellen, wieviele Werte auf einer Seite gedruckt werden können und wie eine Seite drucktechnisch übersichtlich gestaltet wird. Am besten fertigt man einen Entwurf mit einer Schreibmaschine an. Links ist der obere und untere Teil der ersten Seite gezeigt. Je 10 Zeilen werden zu einem "Block" zusammengefaßt. Zwischen zwei Blöcken steht eine Leerzeile. Am Anfang und Ende jeder Seite sind je eine Kopf- und eine Schlußzeile zu drucken. Insgesamt erhält man 10 Seiten.

Beim ersten Entwurf des Plans soll man noch nicht zu sehr in Einzelheiten gehen, sondern vor allem auf die Struktur achten. Mit dem bottom-up Verfahren werden als erstes die zentralen Anweisungen "Werte einer Zeile berechnen" und "Werte einer Zeile drucken" hingeschrieben. Dann muß der x-Wert erhöht werden. Wenn dies mit einer Schleifenanweisung X = 0, 5, 0.01 versucht wird, führt dies zu Schwierigkeiten mit den weiteren Schleifen. Deshalb wird diese Erhöhung mit einer Zuordnungsanweisung durchgeführt und die innerste Schleife steuert einen Block. Wenn diese Struktur erkannt wurde, folgt der Rest des Plans ziemlich zwingend.

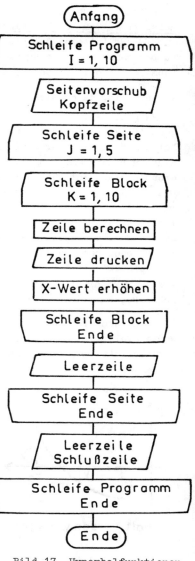

Bild 17   Hyperbelfunktionen

Beispiel 8. <u>Nullstelle einer Funktion</u>. (FORTRAN Beisp. 25, S.116). Es ist eine Nullstelle der Funktion $y = x^2 + e^x - 2$ zu berechnen. Die Lösung dieser Aufgabe erfolgt unter Bezugnahme auf die in Abschn. 3.2 erläuterten Arbeitsschritte.

1. Entfällt, da es sich um ein mathematisches Problem handelt.

2. Es gibt zahlreiche Verfahren zur Nullstellenbestimmung. Das gewählte Verfahren der laufenden Halbierung eines Intervalls hat den Vorteil, sehr einfach zu sein. Es konvergiert allerdings nur langsam. Wenn die Funktionswerte y_1 und y_2 an den Grenzen eines Intervalls $[x_1, x_2]$ verschiedene Vorzeichen haben und die Funktion in diesem Intervall stetig ist, so muß es mindestens eine Nullstelle enthalten (Bild 18). Für die mittlere Abszisse $x = (x_1 + x_2)/2$ wird der Funktionswert y berechnet. Je nach seinem Vorzeichen liegt die Nullstelle im linken oder rechten Teilintervall. Das richtige Teilintervall wird wieder halbiert. Das Verfahren wird wiederholt, bis der Absolutwert einer Ordinate kleiner als eine vorgegebene Schranke, hier 10^{-6}, ist.

3. In diesem einfachen Fall genügt die Berechnung einer kurzen Wertetafel, aus der man z.B. die Wertepaare (0; -1) und (1; 1.7183) entnimmt. Eine Skizze, wie das linke Bild 18, kann diese Tafel ergänzen.

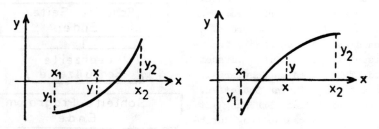

Bild 18 Eingabeln einer Nullstelle

4. Welche Eingabedaten hat dieses Programm ? Die benötigten Intervallgrenzen können eingegeben werden. Es liegt aber nahe, sie durch den Rechner finden zu lassen. Dies wird in Beisp. 50, S. 160 gezeigt. Auch die Schranke für den Abbruch kann eingegeben werden. Hier werden diese Werte als "Anfangswerte" in das Programm eingebaut. Als Eingabedatum im erweiterten Sinne ist auch die Funktionsgleichung anzusehen. Im Beisp. 50,S.160 wird sie als Unterprogramm gespeichert. Die Aufgabe kann dann für eine beliebige Funktion gelöst werden. - Diese Diskussion soll zeigen, daß die Eingabedaten je nach Formulierung und Lösung des Problems sehr unterschiedlich sein können. Das einzige Ausgabedatum ist hier der Wert der Nullstelle.

5. Programmablaufplan. Mit der top-down Methode erhält man zunächst eine Folge der drei Moduls Anfangswerte setzen - Nullstelle berechnen - Nullstelle drucken. Dies entspricht dem häufigen Dreierschritt Eingabe - Verarbeitung - Ausgabe. Im allgemeinen muß nun jeder dieser Schritte weiter verfeinert werden. Hier ist dies nur beim mittleren Schritt erforderlich (Bild 19). Im Modul "richtiges Teilintervall finden" würde eine Frage $y < 0$ zu Fehlern führen, wenn das Vorzeichen von y_1 anders wäre als in diesem Beispiel. Auf den Nachweis, daß die Anweisungen in den beiden Zweigen auch dann richtig sind, wenn die Ausgangswerte y_1 und y_2 die umgekehrten Vorzeichen haben wie hier, wird verzichtet.

Bild 20 zeigt den Plan in herkömmlicher Form. Man beachte, daß eine Anweisung $y_2 = \ldots$ überflüssig wäre. Auch der Anfangswert y_1 braucht nur vor der Schleife gesetzt zu werden, da es bei der Abfrage nur auf das Vorzeichen, aber nicht auf den Zahlenwert von y_1 ankommt.

6. Das Programm wird in Beisp. 25, S. 116 gezeigt.

7. Das Testen erfolgt durch Vergleich mit der Wertetafel.

8. Der Programmablaufplan und eine gekürzte Fassung der vorliegenden Erörterung ergeben eine Programmbeschreibung.

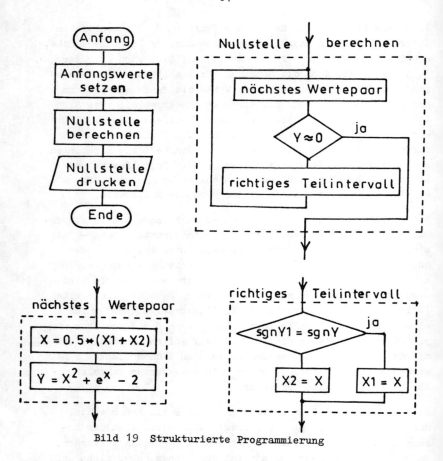

Bild 19 Strukturierte Programmierung

9. Für den Benutzer ist anzugeben, daß dieses Programm keine Eingabedaten benötigt und nur eine Nullstelle der Funktion $y = x^2 + e^x - 2$ berechnet.

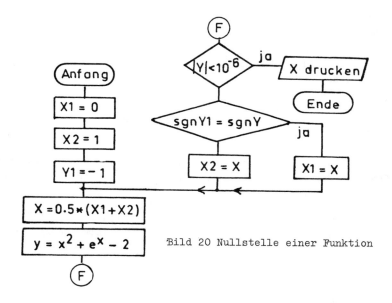

Bild 20 Nullstelle einer Funktion

Beispiel 9. Lösen einer quadratischen Gleichung. (FORTRAN Beisp. 26, S. 114).

$$a x^2 + b x + c = 0$$

Lösungen $x_{1,2} = (-b \pm \sqrt{b^2 - 4 a c})/(2 a)$

Eingabe: Eine beliebige Anzahl von Wertesätzen a, b, c. Der Wertesatz a = b = c = 0 soll das Programmende bedeuten.
Ausgabe: Nach jeder Eingabe eines Wertesatzes wird dieser und die dazugehörigen Lösungen gedruckt.

An diesem Beispiel werden die in FORTRAN mögliche Benutzung logischer Verknüpfungen und komplexer Zahlen gezeigt. Eine komplexe Zahl z = a + j b wird in FORTRAN durch ein Zahlenpaar z = a, b dargestellt. Es können alle Grundrechnungsarten mit komplexen Zahlen durchgeführt werden.

Zunächst empfiehlt sich eine systematische Übersicht über die sich ergebenden Folgen, wenn einzelne Koeffizienten Null werden. In der nebenstehenden Tafel bedeutet 0, daß der betr. Koeffizient Null und 1, daß er ungleich Null ist.

Für a = 0 versagt die obige Lösungsformel.

a	b	c	Folgerung
0	0	0	Programmende
0	0	1	Widerspruch
0	1	0	lineare
0	1	1	Lösung
1	0	0	obige
1	0	1	Lösungs-
1	1	0	formel
1	1	1	

Es ist nicht selbstverständlich, daß sie in allen Fällen, in denen a ≠ 0 ist, angewendet werden darf, ohne daß Abfragen bezüglich der anderen Koeffizienten erforderlich sind.

Aus dieser Übersicht ergibt sich der erste Teil des Plans in Bild 21. Für die Programmierung der Lösungsformel empfiehlt sich die Umformung in

$$x_{1,2} = -\frac{b}{2a} \pm \sqrt{\frac{b^2 - 4ac}{4a^2}}$$

Die beiden Summanden dieses Ausdrucks werden getrennt berechnet und können sowohl zur reellen als auch zur komplexen Lösung verknüpft werden. Dies ist ein Beispiel für das Prinzip, zwecks Einsparung von Speicherplatz in den verschiedenen Zweigen von Maschen nach gleichlautenden Ausdrücken zu suchen und diese nur einmal vor der Masche zu berechnen.

Beispiel 10. Numerische Differentiation. (FORTRAN Beisp. 27, S.116). Die 1. Ableitung einer stetig differenzierbaren Funktion f(x) an der Stelle x_1 ist gemäß der nebenstehenden Skizze

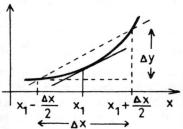

$$y_1' = \lim_{\Delta x \to 0} \frac{\Delta y}{\Delta x} = \lim_{\Delta x/2 \to 0} \frac{f(x_1 + \Delta x/2) - f(x_1 - \Delta x/2)}{2(\Delta x/2)}$$

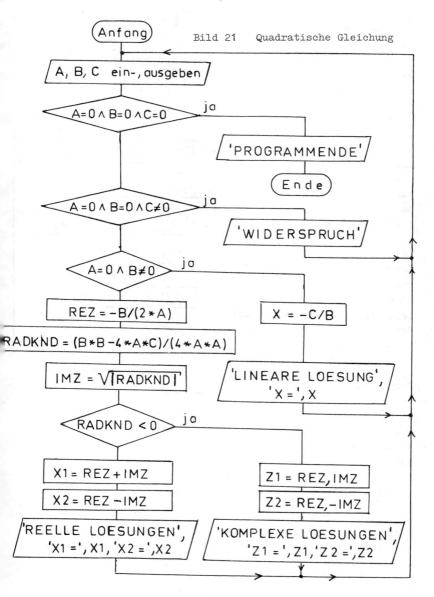

Bild 21 Quadratische Gleichung

Numerisch wird eine Folge von
Differenzenquotienten $\Delta y/\Delta x$ berechnet, bei der die Werte von
$\Delta x/2$ durch laufendes Halbieren
eine Nullfolge bilden. Diese Folge konvergiert schneller als eine
Folge der Differenzenquotienten
aus den Stellen x_1 und
$x_1 + \Delta x$. Im Plan ist $\Delta x/2$
die symbolische Adresse
einer Speicherzelle. Jeder
Differenzenquotient wird
nach der gleichen Formel
berechnet, lediglich der
Wert von $\Delta x/2$ ändert sich.
Es liegt deshalb nahe, diese
Berechnung in einer Schleife
durchzuführen. Der richtige Eingang und das Verlassen dieser
Schleife, d.h. der Beginn und
der Abbruch der Folge bilden
das programmiertechnische Problem dieses Verfahrens.

Der Grundgedanke der Lösung
besteht darin, zwei aufeinanderfolgende Werte der Folge, die
mit y'_{alt} und y'_{neu} bezeichnet
werden, miteinander zu verglei-
chen. Wenn sie innerhalb einer Bild 22 Numerische
vorgegebenen Stellenzahl überein-   Differentiation
stimmen, gilt die Lösung als gefunden. Hierzu wird die Prüf-
größe $\varepsilon = |(y'_{neu} - y'_{alt})/y'_{neu}|$ gebildet. Die Absolut-
striche sind erforderlich, weil andernfalls die Schleife z.B.
verlassen würde, wenn $\varepsilon = -5$ wäre. Offensichtlich soll aber
$\varepsilon \approx 0$ sein. Durch y'_{neu} ist zu dividieren, weil jeder Rechner

nur mit einer begrenzten Stellenzahl arbeitet. In der Terminilogie der Fehlerrechnung ist ε der Absolutwert des relativen Fehlers zweier aufeinanderfolgender Näherungswerte.

Der Anfänger wird wahrscheinlich nach der Berechnung von ε sofort die Endabfrage durchführen und dann erst die Anweisungen $y'_{alt} = y'_{neu}$ und $Δx/2 = 0.5 * Δx/2$ bringen. Dann ergibt sich eine Schleife in der allgemeinen Form des Bildes 9, S. 44, die in FORTRAN nach Möglichkeit vermieden werden soll. Der Plan zeigt eine Wiederholungsschleife (iterative Schl.). Damit der 1. Durchlauf vollzogen werden kann, müssen die Startwerte von $Δx/2$ und y'_{alt} vorgegeben werden. Die hier gewählten Werte sind willkürlich.

Beispiel 11. Flächenmomente_von_Profilen. (FORTRAN Beisp. 28, S.116). In der Festigkeitslehre wird für verschiedene Profilformen, die hier nicht näher dargestellt sind, das Flächenmoment I nach folgenden Formeln berechnet:

Profil 1 $I = (BH^3)/12$
Profil 2 $I = (BH^3 - bh^3)/12$
Profil 3 $I = (BH^3 + bh^3)/12$
Profil 4 $I = (Be_1^3 - bh^3 + ae_2^3)/3$

$$e_1 = \frac{aH^2 + bd^2}{2(aH + bd)}$$

$$e_2 = H - e_1$$

Für eine beliebige Anzahl von Profilen dieser vier Arten werden jeweils eine Schlüsselzahl K für die Profilart, sowie die Abmessungen B, b, H, h, a, d eingegeben. Das Programm soll die richtige Formel finden, I berechnen und eine Ausgabeliste mit den Abmessungen und den Flächenmomenten drucken.

Wie der Plan in Bild 23 zeigt, kann die richtige Profilart mit einem Verteiler gefunden werden. Ferner ist es zweckmäßig, die Grundformeln $BH^3/12$ und $bh^2/12$ vor den Verteiler zu legen, weil dadurch in den Zweigen 2 und 3 Speicherplatz gespart und Zweig 1 direkt zur Ausgabeanweisung geführt wird.

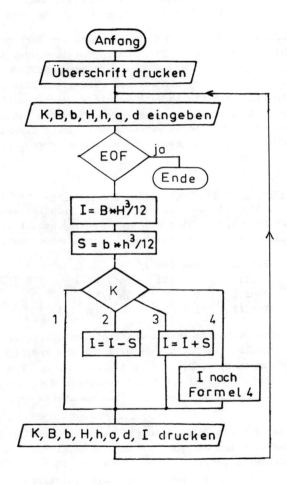

Bild 23 Flächenmomente von Profilen

Beispiel 12. Mischen zweier Dateien. (FORTRAN Beisp. 55, S. 176). Diese Grundaufgabe der kaufmännischen DV ist auch für den Ingenieur von Bedeutung. Auf einem Magnetband Nr. 1 (s.S. 19) befindet sich eine sog. Stammdatei. Sie enthält Daten, die sich längere Zeit nicht ändern, z.B. Namen und Anschriften von Kunden. Die Daten jedes Kunden sind in einem Stammsatz gespeichert. Er beginnt mit der Kundennummer KSTA. Auf einem Magnetband Nr. 2 befindet sich die Bewegungsdatei. Sie enthält Angaben, die sich bei jeder Bearbeitung ändern, z.B. die Bestellungen der Kunden. Jede Bestellung ist in einem Bewegungssatz gespeichert, der mit der Kundennummer KBEW beginnt. Für jeden Kunden enthält die Bewegungsdatei eine beliebige Anzahl von Sätzen (auch keinen, wenn keine Bestellung vorlag). Beide Dateien sind nach Kundennummern sortiert.

Ein Mischen dieser Dateien ist z.B. beim Schreiben von Rechnungen erforderlich. Beim ersten gelesenen Bewegungssatz jedes Kunden ist zunächst sein Stammsatz zu lesen und zu schreiben, dann der Bewegungssatz. Bei den weiteren Bewegungssätzen ist nur noch dieser zu schreiben.

Das Problem liegt im sog. Gruppenwechsel. Es ist nicht bekannt, wieviele Bewegungssätze für einen Kunden vorliegen. Der "nächste" Stammsatz kann erst gelesen werden, nachdem der 1. Bewegungssatz des nächsten Kunden gelesen wurde, er ist aber vor dem Bewegungssatz zu schreiben.

Bild 24 zeigt die Lösung. In der oberen Schleife werden Bewegungssätze gelesen und geschrieben, falls der betr. Stammsatz bereits geschrieben worden ist. In der mittleren Schleife werden Stammsätze gelesen. Wenn KSTA = KBEW ist, ist dies der Anfang einer neuen Gruppe und es werden der Stammsatz und der 1. Bewegungssatz geschrieben und zum Lesen von Bewegungssätzen zurückgesprungen.

Man könnte auch hier das strenge Einhalten der Regeln der strukturierten Programmierung erzwingen, indem zunächst die Abfragen auf Dateiende mit der jeweils darauf folgenden Abfrage mit "oder" zu einer Abfrage verknüpft werden und dann später außerhalb dieses Moduls die Abfrage auf Dateiende wiederholt wird. Da dies aber in FORTRAN nur umständlich zu realisieren ist, wird darauf verzichtet.

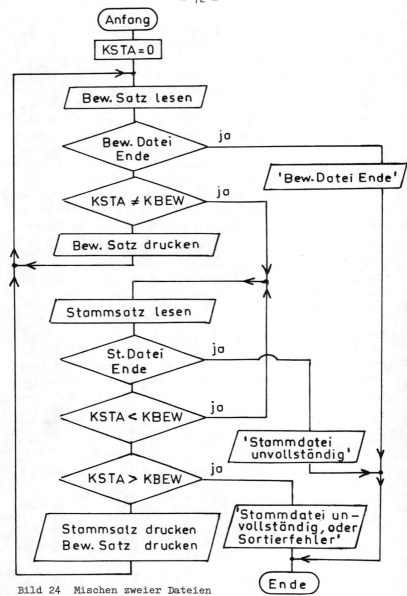

Bild 24 Mischen zweier Dateien

4.4 AUFGABEN

11. Größter gemeinsamer Teiler. Es sind zwei natürliche Zahlen M und N einzugeben und nach dem folgenden Euklid'schen Algorithmus ihr größter gemeinsamer Teiler GGT zu berechnen. Dann sind M, N und GGT auszugeben.

1. Wenn N < M, sind M und N zu tauschen.
2. Wenn M = 0, so ist N der GGT. M, N und GGT drucken. Ende.
3. Wenn M ≠ 0, so ist R = N mod M zu bilden. Dann ist N durch M und M durch R zu ersetzen. Fortsetzung bei Ziff. 1.

Hinweis: R ist der Divisionsrest von N/M. Für N mod M gibt es eine FORTRAN-Anweisung.

12. Binomialkoeffizient $\binom{n}{k}$. Aus den eingegebenen natürlichen Zahlen N und K mit $1 \leq K \leq N$ ist der Binomialkoeffizient BINO zu berechnen. Dann sind N, K und BINO zu drucken. Um welche Struktur handelt es sich?

Hinweis: Man benutze folgende Rekursionsformel

$$\binom{n}{i} = \binom{n}{i-1} \frac{n - i + 1}{i}$$

Für i = 1 erhält man auf der rechten Seite $\binom{n}{0}$ = 1. Dieser Wert wird vorgegeben. Ab i = 2 wird die Rekursionsformel benutzt.

13. Umrechnen von rechtwinkligen Koordinaten x, y in Polarkoordinaten φ, r. Aus einem eingegebenen Wertepaar x, y sind die Polarkoordinaten

$$\varphi = \arctan(y/x) \qquad r = \sqrt{x^2 + y^2}$$

zu berechnen. Dann sind x, y, φ und r zu drucken und das nächste Wertepaar wird eingegeben. Das Programm endet, wenn x = y = 0 eingegeben wird. Hinweise: Die vorstehenden Gleichungen können als je eine Anweisung geschrieben werden. Beim arctan sind aber Fallunterscheidungen für die verschiedenen Quadranten und für x = 0 erforderlich. Als Funktionswert gibt der Rechner den Hauptwert der Funktion. Das ist ein Winkel im Intervall $-\pi/2 < \varphi < \pi/2$.

14. Eine stückweise_stetige_Funktion ist durch das nebenstehende Diagramm für alle
$x \in \mathbb{R}$ definiert. Die Koeffizienten a, b, c werden
eingegeben. Das Programm
soll für eine beliebige
Anzahl von eingegebenen
x-Werten jeweils das Wertepaar x_i; y_i berechnen und

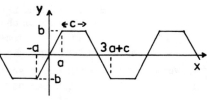

drucken. x = 0 bedeutet Programmende. Hinweis: Die Funktion ist periodisch. Man reduziere zunächst den eingegebenen x-Wert auf einen entsprechenden Wert in der 1. Periode.

15. Extremwerte_einer_Funktion. Eine Funktion sei im Intervall [a, b] definiert, alle $|y_i| < 10^{10}$ und nur je ein Minimum und Maximum (ggf. die Randextremwerte) vorhanden. Die Werte a, b sowie eine Schrittweite Δx werden eingegeben, der Funktionswert mit der Anweisung y = f(x) berechnet. Es sind alle Funktionswerte im Intervall mit der Schrittweite Δx zu berechnen, aber nur die Näherungswerte x_1; y_1 und x_2; y_2 für die beiden Extremwertskoordinaten zu drucken.

16. Normalverteilung $f_1(x)$ und Integralfunktion $f_2(x)$. Für diese in der Statistik benötigten Funktionen ist eine Tafel im Intervall $0 \leq x \leq 3$ mit der Schrittweite $\Delta x = 0.1$ zu berechnen und zu drucken. Es ist

$$f_1(x) = (1/\sqrt{2\pi}) \, e^{-x^2/2}$$

Dies kann als eine Anweisung geschrieben werden. Die Integralfunktion läßt sich als Reihe darstellen. Der Faktor 100 ergibt die Zahlenwerte in Prozent.

$$f_2(x) = 100 \int_0^x f_1(u) \, du = \frac{100}{\sqrt{2\pi}} \left[x - \frac{x^3}{3 \cdot 2} + \frac{x^5}{5 \cdot 2^2 \cdot 2!} - \frac{x^7}{7 \cdot 2^3 \cdot 3!} + \cdots \right]$$

Jedes Glied der Reihe kann aus dem bekannten vorhergehenden mit $\quad a_i = a_{i-1} \dfrac{-x^2 (2i - 1)}{2i \, (2i + 1)}$
berechnet werden.

Der Wert $a_0 = x$ für i = 0 ist vorzugeben. Die Summation der Reihe für einen x-Wert soll enden, wenn ein $|a_i| < 10^{-6}$ wird.

5 ELEMENTE VON FORTRAN

Die erste Sprachversion FORTRAN II (formula translation) erschien 1956. Im vorigen Jahrzehnt wurde vorwiegend FORTRAN IV benutzt. Dieses Buch basiert auf der 1978 erschienenen Norm ANSI X3.9-1978, Programming Language FORTRAN, die als DIN 66 027, Programmiersprache FORTRAN, in englischer Sprache in das deutsche Normenwerk übernommen wurde, und kurz als <u>FORTRAN 77</u> bezeichnet wird. Die Sprache wird in zwei Stufen eingeteilt, das subset und die full language. Der Unterschied zwischen diesen Stufen ist geringer als zwischen dem früheren Basic und dem Full FORTRAN IV. Die für den Anfänger wichtigsten Fortschritte des FORTRAN 77 bestehen in der einfacheren Datenein- und -ausgabe und der besseren Anpassung der Steueranweisungen an die Methode der strukturierten Programmierung. Der Fortgeschrittene wird vor allem die erweiterten Möglichkeiten der Text- und Dateiverarbeitung begrüßen. Dies kann in einer Einführung allerdings nur in den Anfängen behandelt werden. Die für den Ingenieur wichtige graphische Ausgabe ist leider immer noch nicht genormt.

5.1 GRUNDBEGRIFFE

Beim Erlernen einer Sprache ist zwischen zwei Arten von Regeln zu unterscheiden:

1. <u>Syntaktische Regeln</u> (Syntax) betreffen den formalen Aufbau der Sprache. Dazu gehört bei einer natürlichen Sprache z.B. Rechtschreibung und Grammatik.

2. <u>Semantische Regeln</u> (Semantik) behandeln den Inhalt und die Bedeutung von Begriffen. Beim Erlernen einer Fremdsprache ist das "Lernen von Vokabeln" der Anfang der Semantik.

Bereits im Abschn. 4 wurde eine Reihe von Begriffen im Hinblick auf FORTRAN semantisch definiert. Der Schwerpunkt der folgenden Ausführungen liegt deshalb zunächst auf der Syntax der Sprache. Diese erscheint ziemlich selbstverständlich, wenn man ein FORTRAN Programm liest. Um Programme zu schreiben, die von einem Rechner verarbeitet werden sollen, ist aber eine exakte Kenntnis und Anwendung dieser Regeln unerläßlich. Bereits das Fehlen eines Punktes, oder die Verwechslung mit einem Komma verhindert die Übersetzung der betr. Anweisung.

In diesem Buch werden folgende Regeln und Begriffe benutzt:

1. Mehrere zusammengehörige Schriftzeichen heißen Zeichenkette (string).

2. Zeichenketten, die Kleinbuchstaben enthalten, bedeuten Begriffe, die zur Erläuterung der FORTRAN-Sprache dienen (sog. metasprachliche Begriffe). Sie werden entweder als bekannt vorausgesetzt oder definiert.
   Beispiel: Ziffer (bekannt), Name (auf S. 77 definiert).

3. Zeichenketten, die aus Großbuchstaben und Sonderzeichen bestehen, sind Teile der FORTRAN-Sprache.
   Beispiel: READ*, A, B, C   COS(X)

4. Die Regeln 2 und 3 können kombiniert werden.
   Beispiel: READ*, Liste von Variablen   COS(Ausdruck)

5. Mehrere Punkte bedeuten Auslassung oder Wiederholung.
   Beispiel: A B C .... Y Z   Variable, Variable, ...

6. In eckigen Klammern stehende Zeichenketten dürfen (einschließlich der Klammern) wahlweise weggelassen werden. Eckige Klammern sind also keine FORTRAN-Zeichen. Durch das Weglassen des Klammerinhalts ergibt sich i.allg. eine andere Wirkung.
   Beispiel: PRINT*[, Liste von Variablen]

7. Die Buchstaben n_1, n_2 ... bedeuten im allg. Anweisungsnummern.

Die Sprache besteht aus 49 Zeichen
    26 Großbuchstaben   A B C   .... X Y Z
    10 Ziffern   0 1 2   .... 7 8 9
    13 Sonderzeichen   b . , = + - * / ( ) : ' $

Das erste Sonderzeichen b bedeutet Zwischenraum (blank), z.B.
die Leertaste der Tastatur. Die Bedeutung der anderen wird an
geeigneter Stelle erläutert. Aus diesen Zeichen setzen sich
alle höheren Sprachelemente, insbesondere die ab Abschn. 5.4
behandelten Anweisungen zusammen. Nun folgt die Erklärung
einiger häufiger Begriffe.

> Ein <u>Name</u> (identifier) besteht aus 1 bis 6 Buchstaben und/oder
> Ziffern. Das 1. Zeichen muß ein Buchstabe sein. Namen dienen
> zur Bezeichnung von <u>Variablen</u>, <u>Programmen</u> und <u>Dateien</u>.

Ein Name darf innerhalb eines Programms nur in einer Bedeutung
gebraucht werden. Näheres über den Gültigkeitsbereich von Namen
s. Abschn. 7.1. Mit Variablen sind in diesem Abschnitt die
einfachen Variablen gemeint. Alle Regeln gelten aber sinngemäß
auch für die in Abschn. 6.1 behandelten indizierten Variablen.
Wie bereits in Abschn. 4.1 erläutert, bedeutet ein Name die
symbolische Adresse einer Speicherzelle. Er wird so gewählt,
daß eine sinnfällige Beziehung zum Inhalt dieser Zelle besteht.
Außer den vom Programmierer festzulegenden Namen gibt es in
allen Programmiersprachen Zeichenketten mit feststehender Bedeutung
(meist sind es Teile von Anweisungen). Sie heißen
<u>Schlüsselworte</u> (keywords). Obwohl es die Norm zuläßt, sollten
Schlüsselworte nicht als Namen benutzt werden.

Beispiel: richtige Namen: A1   XMAX   VEKTOR   GAUSS
   falsche Namen: LOESUNG   (7 Buchstaben)
               1.LOES   (1. Zeichen ist eine Ziffer)
               A 1   A/1   (beide Namen enthalten Sonderz.)

   Schlüsselworte: READ   WRITE   GOTO   END

Viele FORTRAN-Anweisungen enthalten Listen.

> Eine <u>Liste</u> folgt nach einem Schlüsselwort. Sie enthält
> eine beliebige Anzahl von Listenelementen (z.B. Namen),
> die durch <u>Kommata</u> zu trennen sind. Manche Listen sind in
> Klammern einzuschließen, andere nicht. Dies wird bei den
> betr. Listen angegeben.
> Beispiel: REAL KAPPA, NENNER, L   FORMAT(F10.2, F10.5)

5.2 Datentypen. Konstanten. Variablen

Die zu verarbeitende Information (Daten) wird in 6 verschiedene Gruppen (Typen) eingeteilt:

1. Integer
2. Real
3. Double Precision
4. Complex
5. Logical
6. Character

Je nach Art der Darstellung sind die Daten Konstanten oder Variablen.

> Definition: Eine Konstante wird entweder durch ihre Schriftzeichen dargestellt (Normalfall), oder durch einen Namen, dem nur einmal am Programmanfang mittels der PARAMETER-Anweisung ein Wert zugewiesen wird (s.Abschn. 5.6.1). Eine Variable wird durch einen Namen dargestellt.

Im Programm treten Variablen und Konstanten auf, die E/A Daten sind stets durch Schriftzeichen dargestellte Konstanten.

5.2.1 Konstanten

Das folgende bezieht sich auf Konstanten, die durch ihre Schriftzeichen dargestellt werden. Für Konstanten, die durch ihre Namen dargestellt werden, gilt das gleiche wie für Variablen (s.Abschn. 5.2.2).

Arithmetische (numerische) Konstanten

Sie gehören zu einem der Typen 1 bis 4. Die zulässigen Wertebereiche und die Anzahl der gültigen Ziffern (Genauigkeit) sind nicht genormt. Die üblichen Werte werden bei den einzelnen Typen angegeben. Für alle arithmetischen Konstanten gilt:

> Ein positives Vorzeichen braucht nicht geschrieben zu werden.

Mit den Typ Integer werden die ganzen Zahlen dargestellt. Sie werden intern als Dualzahlen in je vier bytes gespeichert. Die Rechenoperationen liefern exakte Ergebnisse. Der zulässige Wertebereich beträgt $|z| < 2^{31} \approx 2.1 \cdot 10^9$.

| Integer-Konstanten dürfen keinen Dezimalpunkt enthalten.

Beispiel: 1   -500   0   sind Integer-Konstanten.

Mit dem <u>Typ Real</u> werden die (gerundeten) <u>reellen Zahlen</u> dargestellt. Sie werden intern in der Form $z = m \: B^n$ codiert und gespeichert. Die Basis B hat meist den Wert 16 und wird nicht gespeichert. m heißt die Mantisse. Der Exponent n wird so gewählt, daß $B^{-1} \leq m < B^0$ wird. Die Mantisse ist also ein echter Bruch, dessen erste Ziffer nach dem Radixpunkt verschieden von Null ist. Ferner wird zum Exponenten eine positive Konstante addiert. Diese Summe heißt Charakteristik und ist stets eine nichtnegative Zahl. Mantisse und Charakteritik werden als Dualzahlen in 3 bzw. einem byte gespeichert. Der zulässige Wertebereich beträgt $|z| < 10^{75}$ mit 6 gültigen Ziffern. Bei Rechenoperationen mit diesen Zahlen entstehen Rundungsfehler, die bei umfangreichen Programmen erheblich werden (s.Beisp.22, S.112) und bei Verzweigungen falsche Ausgänge zur Folge haben können.

| Real-Konstanten müssen einen Dezimalpunkt enthalten.

Beispiel: 1.   3.14159   -0.5   sind Real-Konstanten.

Es ist also ein wesentlicher Unterschied, ob man z.B.   1 oder 1. schreibt. Beide Zahlen werden unterschiedlich codiert und verarbeitet.

Für Real-Konstanten, deren Betrag sehr groß ist, oder dicht bei Null liegt, wählt man die <u>Exponentialschreibweise</u> $z = m \: 10^n$. Die Basis 10 wird durch den Buchstaben E ersetzt. Die Mantisse m ist vom Typ Integer oder Real, der Exponent n vom Typ Integer (oft ist nur $|n| < 75$ zulässig). Vor dem E muß mindestens eine Ziffer stehen. Wählt man den Exponenten so, daß die erste von Null verschiedene Ziffer der Zahl direkt nach dem Dezimalpunkt steht, ist dies die <u>Normalform</u> der Zahl. Bei der Eingabe ist die Stellung des Dezimalpunktes beliebig. Die Ausgabe erfolgt stets in der Normalform.

Beispiel: mathem. Schreibweise   F O R T R A N
                                              Normalform
             $-3.75 \cdot 10^6$ -3.75E6   -0.375E7
              0.00001   1E-5   1.E-5   0.1E-4
                              falsch: E-5

Mit den Typ Double Precision werden ebenfalls reelle Zahlen
dargestellt. Die Mantisse wird in 7 bytes gespeichert. Dadurch ergeben sich 15 gültige Dezimalziffern. Der Wertebereich
ist der gleiche wie beim Typ Real.

> Double Precision-Konstanten sind in der Exponentialform
> zu schreiben, wobei der Buchstabe E durch D zu ersetzen ist.

Mit dem Typ Complex werden die komplexen Zahlen dargestellt.
Eine komplexe Zahl wird als geordnetes Paar zweier reeller
Zahlen geschrieben. Die erste ist der Real-, die zweite der
Imaginärteil der komplexen Zahl. In Bezug auf Wertebereich
und Anzahl der gültigen Ziffern gilt das entsprechende wie
beim Typ Real. Eine Kombination der Typen Complex und Double
Precision ist nicht zulässig.

> Complex-Konstanten sind als durch ein Komma getrenntes
> und in Klammern gesetztes Zahlenpaar der Typen Integer
> oder Real zu schreiben.

Beispiel: mathem. Schreibweise   F O R T R A N
              $3 + 4j$ (3, 4)
              $0.05 - 10^{-3} j$ (0.05,-1E-3)

Nichtnumerische Konstanten

Mit dem Typ Logical werden die zweiwertigen Größen der Aussagenlogik bezw. der Schaltalgebra dargestellt. Zur internen
Codierung eines Wertes wird im Prinzip nur ein bit benötigt.
Bei der hier benutzten RA werden 4 bytes belegt.

> Logische Konstanten sind durch .TRUE. oder .FALSE.
> anzugeben. Bei der hier benutzten RA dürfen auch T und F
> benutzt werden. Die Ausgabe erfolgt immer in dieser Form.

Der Typ Character ist neu in FORTRAN 77. Mit ihm werden die Schriftzeichen dargestellt. Bei dem hier benutzten Rechner werden sie im EBCDI-Code verschlüsselt (s. Anhang), oft wird der ASCII benutzt. In beiden Codes belegt jedes Zeichen ein byte.

> Character-Konstanten sind in Apostrophe einzuschließen.
> Ein Apostroph innerhalb einer Konstanten ist durch zwei Apostrophe darzustellen.

Beispiel: 'FUNKTIONSTAFEL'   ' 1. 1. 1984'   '(''1'')'
sind Character-Konstanten. Rechts handelt es sich um eine Konstante innerhalb einer Konstanten. Dies kann bei E/A Anweisungen vorkommen.

Weiteres zur Schreibweise von Character-Konstanten siehe Abschn. 5.6.2 und 6.2.

5.2.2 Variablen

Für die interne Codierung und den Wertebereich der verschiedenen Typen gilt das gleiche wie bei den entspr. Konstanten. Zur Unterscheidung der verschiedenen Typen gelten folgende Regeln: Der Typ der Variablen und der durch Namen bezeichneten Konstanten ist am Programmanfang durch Spezifikationsanweisungen zu vereinbaren. Dieser Programmteil wird der Vereinbarungsteil genannt (s. auch Abschn. 5.4 und 7.4). Mit der in Ziff. 3 aufgeführten Regel kann er in FORTRAN (im Unterschied zu anderen Programmiersprachen) in vielen Fällen entfallen. Es gibt mehrere Möglichkeiten zur Typvereinbarung. Bei Überschneidungen hat die Ziff. 1 die höchste Priorität.

1.
```
Typ   Liste von Variablennamen
```

Typ = INTEGER oder REAL oder DOUBLE PRECISION oder COMPLEX
      oder LOGICAL oder CHARACTER   (s. auch Ziff. 4)
Die in der Liste aufgeführten Namen werden dem betr. Typ zugeordnet. Für jeden Typ ist eine eigene Anweisung erforderlich.

2.
```
IMPLICIT  Typ(Buchstabenbereich), Typ(Buchst.ber.) ...
```

Typ = wie bei Ziff. 1
Buchstabenbereich = 1.Buchst. [- letzter Buchst.]

Alle Variablen, deren 1. Buchstabe des Namens innerhalb des angegebenen Bereiches, einschließlich der Grenzen, liegt, werden dem betr. Typ zugeordnet. Mit einer Anweisung können mehrere Typen vereinbart werden. Diese Anweisung muß die erste Spezifikationsanweisung sein.

Beispiel: IMPLICIT REAL(M-N), LOGICAL(L)
           INTEGER ANZAHL, I, K
           REAL A, B, KAPPA, XMIN, XMAX, X, Y

3. Für die Typen <u>Integer</u> und <u>Real</u> gilt ohne Spezifikationsvereinbarung die sog. <u>implizite Typvereinbarung</u>. Sie besagt:

> Eine Variable ist vom Typ Integer, wenn der 1. Buchstabe des Namens I J K L M N ist. Andernfalls ist sie vom Typ Real.

Diese Regel dient nicht nur der Bequemlichkeit des Programmierers (die meisten Größen brauchen nicht vereinbart zu werden), sondern auch der Übersichtlichkeit von Programmen. Deshalb wird sie in diesem Buch entgegen den Empfehlungen der "Systematiker" benutzt.

4. Für den <u>Typ Character</u> gelten noch folgende Zusatzregeln. Die entsprechende Spezifikationsanweisung lautet ausführlich:

```
CHARACTER [* Länge[,]] Name [* Länge ] , Name [* Länge ] ...
```

Länge = pos. Integerkonstante. Sie bezeichnet die Anzahl
        der Zeichen der Variablen. Es ist auch ein pos.
        Integerausdruck zulässig, er ist in Klammern zu
        setzen.

Die Längenangabe unmittelbar nach dem Schlüsselwort bezieht sich auf alle folgenden Variablen, die keine "eigene" Längenangabe haben. Steht hinter dem Variablennamen eine Längenangabe, so hat diese Priorität. Fehlen sämtliche Längenangaben, so ist Länge = 1 .

Beispiel: CHARACTER*80 ZEILE, TEXT, VORN*20, NACHN*20, ORT*20
Für die Variablen ZEILE und TEXT werden je 80, für die Variablen VORN, NACHN und ORT je 20 Zeichen reserviert.

5.3 OPERATIONEN. STANDARDFUNKTIONEN. AUSDRÜCKE

Die Operationen mit Textgrößen werden in Abschn. 6.2 behandelt.

5.3.1 Arithmetik

Die **arithmetischen Operationen** werden durch folgende Sonderzeichen dargestellt:

mathem. Bez.	FORTRAN	mathem. Bez.	FORTRAN
Addition pos. Vorzeichen	+	Multiplikation	*
		Division	/
Subtraktion neg. Vorzeichen	-	Potenzieren	**

Die Vergleichsoperatoren findet man in Abschn. 5.3.2

Für die <u>Verwendung von Operationszeichen</u> gelten folgende <u>Regeln</u>:

1. Es dürfen nie zwei Operationszeichen aufeinander folgen, ggf. sind sie durch Klammern zu trennen. Klammern gelten nicht als Operationszeichen, hier dürfen mehrere aufeinander folgen. Das Zeichen ** für Potenzieren gilt als ein Zeichen.

2. Die Wirkung von Klammern entspricht der der Mathematik. Insbesondere dürfen überflüssige Klammern gesetzt werden.

3. Das Multiplikationszeichen ist stets zu schreiben.

4. Wenn bei einer Division Zähler und Nenner vom Typ Integer sind, wird der Divisionsrest weggelassen.

5. Bei Verknüpfungen verschiedener Stufen (z.B. Addition und Multiplikation) erkennt der compiler die höhere Stufe. Es brauchen also keine Klammern gesetzt zu werden.

6. Bei Verknüpfungen gleicher Stufen wird ohne Klammern von links nach rechts gerechnet. Ausnahme: Beim Potenzieren von Potenzen wird von rechts nach links gerechnet.

7. Vor und nach Operationszeichen und Klammern dürfen blanks geschrieben werden.

Auch die meisten elementaren Funktionen können in FORTRAN
sehr einfach benutzt (aufgerufen) werden. Sie werden <u>Standardfunktionen</u> (intrinsic functions) genannt und haben genormte
Namen[1] (Schlüsselworte). Streng genommen handelt es sich bereits um den Aufruf von Unterprogrammen (s.Abschn. 7.1). Die
Norm enthält etwa 30 Funktionen, von denen hier nur die häufigsten aufgeführt werden. Das Argument der Funktionen wird
in der folgenden Tafel kurz mit X bezeichnet. Es darf ein
arithmetischer Ausdruck vom Typ Real sein. Bei vielen Funktionen sind als Argument auch Ausdrücke der Typen Double Precision und Complex zulässig. Der Funktionswert wird in den
gleichen Typ umgeformt wie der des Arguments. Wenn ein kom-

Standardfunktionen

mathem. Funktionen		sonstige Operationen	
mathem. Form	FORTRAN	mathem. Form	FORTRAN
$\sqrt{x}$	SQRT(X)	$\lvert x \rvert$	ABS(X)
sin x	SIN(X)	sgn x	SIGN(V,X)
cos x	COS(X)	m mod n	MOD(M,N)
tan x	TAN(X)	Typumwandlungen	
arcsin x	ASIN(X)	Integer in Real	REAL(N)
arccos x	ACOS(X)	Real in Integer	INT(X)
arctan x	ATAN(X)	Real in Double	DBL(X)
e^x	EXP(X)	Real in Complex	CMPLX(X,Y)
ln x	LOG(X)	Numerisch in Character und umgekehrt s. Abschn. 6.2	
sinh x	SINH(X)		
cosh x	COSH(X)	Runden auf eine ganze Zahl	
tanh x	TANH(X)	Ergebnis Integer	NINT(X)
		Ergebnis Real	ANINT(X)

---

[1] In der vorstehenden Tafel sind nur die sog. Klassennamen der
Funktionen aufgeführt. Für viele Funktionen sind noch weitere Namen zulässig, die sich z.T. aus der historischen Entwicklung der Sprache ergeben.

plexes Ergebnis erwartet wird, muß auch das Argument vom Typ Complex sein.

Beispiel: SQRT((-1., 0.))   falsch: SQRT(-1.)
Ein Klammerpaar ist wegen der Funktion, das andere wegen der komplexen Konstanten erforderlich.

Erläuterungen:
Bei den Winkelfunktionen ist das Argument im Bogenmaß anzugeben. Die SIGN-Funktion überträgt das Vorzeichen des 2. Arguments X auf das 1. Argument V. Setzt man V = 1., so ergibt sich die übliche mathematische Bedeutung von sgn x. Ausnahme: SIGN(1., 0.) = 1.

m mod n ist der Rest der Integerdivision m/n. Z.B. ist 10 mod 3 gleich 1. Man beachte, daß bei der Integerdivision dieser Rest weggelassen wird, so ist 10/3 gleich 3 .

Bei der INT-Funktion werden die Dezimalstellen nach dem Punkt weggelassen, bei der NINT-Funktion wird auf die nächste ganze Zahl gerundet.

Beispiel: INT(3.8) = 3   INT(-3.8) = -3   Das Gleichheits-
            NINT(3.8) = 4 NINT(-3.8) = -4   zeichen ist hier
                                             kein FORTRAN-Zeichen
Das Runden auf eine beliebige Stelle nach dem Dezimalpunkt geschieht automatisch durch die FORMAT-Anweisung, s.Abschn. 5.6.2.

> Definition: Eine oder mehrere, durch Operationszeichen und ggf. Klammern verknüpfte Konstanten, Variablen oder Funktionen bilden einen <u>arithmetischen Ausdruck</u> (arithmetic expression).

Beispiel 13. Arithmetische Ausdrücke

mathematische Schreibweise	FORTRAN	mathematische Schreibweise	FORTRAN
$\frac{a\,b}{c}$	A * B/C oder A/C * B	$\frac{a}{b\,c}$	A/B/C oder A/(B*C)
$\frac{a+b}{-c}$	(A+B)/(-C)	$x^{-p/q}$	X ** (-P/Q)
$\sqrt{a^2 + b^2}$	SQRT(A * A + B * B)	$\sqrt[3]{x}$	X ** 0.3333333 (1/3) liefert 0
$e^{-x^2/2}$	EXP(-0.5 * X * X)	$A \sin(\omega t + \varphi)$	A * SIN(OM * T+PHI)
$\ln(x + \sqrt{1+x^2}\,)$	LOG(X+SQRT(1.+X * X))	$\lvert \sin x \rvert$	ABS(SIN(X))

Kommen in einem arithmetischen Ausdruck Operanden verschiedener Typen vor, so spricht man von einem gemischten Ausdruck. Vor der Ausführung jeder Operation wird ggf. ein Operand umgewandelt. Priorität hat der jeweils höhere Typ im Sinne der Reihenfolge am Anfang von Abschn. 5.2. Die Typen Double Precision und Complex dürfen nicht zusammen in einem Ausdruck auftreten. Es wird empfohlen, gemischte Ausdrücke zu vermeiden, weil dadurch unvorhergesehene Effekte auftreten können, insbesondere im Zusammenhang mit Integerdivisionen. Ggf. sind die Funktionen zur Typumwandlung zu benutzen. Ausnahme von dieser Empfehlung: Beim Potenzieren mit gebrochener Basis und ganzzahligem Exponenten verwende man einen gemischten Ausdruck.

Beispiel: I/2 + X liefert mit I = 3 und X = 1. den Wert 2. . Zunächst wird die Integerdivision ausgeführt, dann wird das erste Zwischenergebnis in den Typ Real verwandelt.

Schreibt man hingegen 0.5 * I + X , so wird bereits vor der Multiplikation in den Typ Real verwandelt und man erhält mit den gleichen Werten das Ergebnis 2.5 .

Es ist nicht genormt, wie der Rechner in gewissen Ausnahmefällen zu reagieren hat. Zur Beschreibung dieser Reaktionen dienen folgende Begriffe:

> Definition: Wird der Betrag einer Zahl so groß, daß sie nicht mehr in den dafür vorgesehenen Zellen gespeichert werden kann, so findet ein Überlauf statt. Liegt der Betrag einer Zahl so dicht bei Null, daß er nicht mehr gespeichert werden kann, so findet ein Unterlauf statt. Die größte darstellbare Zahl heißt Maschinen-Unendlich.

Bei einer Division durch Null, der Potenz 0^{-n} mit $n \in N$ und einem Überlauf wird entweder mit Maschinen-Unendlich weitergerechnet oder/und es findet eine Fehlermeldung statt. Bei einem Unterlauf wird meist mit Null weitergerechnet.

5.3.2 Logik

Konstanten und Variablen vom Typ Logical können mit den folgenden logischen Operationen verknüpft werden

mathem. Schreibweise		FORTRAN	mathem. Schreibweise		FORTRAN
Negation	¬	.NOT.	Äquivalenz	⇔	.EQU.
Konjunktion	∧	.AND.	Antivalenz	⇎	.NEQU.
Disjunktion	∨	.OR.			

Die Wirkung dieser Operationen ergibt sich aus der folgenden Tafel

X1	X2	¬X1	X1 ∧ X2	X1 ∨ X2	X1 ⇔ X2	X1 ⇎ X2
F	F	T	F	F	T	F
F	T	T	F	T	F	T
T	F	F	F	T	F	T
T	T	F	T	T	T	F

Für mehrere aufeinanderfolgende Operationen gilt die Prioritätenfolge: Negation (höchste), Konjunktion, Disjunktion, (Äquivalenz und Antivalenz). Diese Prioritäten können durch Setzen von Klammern geändert werden. Zwischen zwei aufeinanderfolgenden Operationszeichen sind stets Klammern zu schreiben.

Vergleichsausdrücke (relational expressions) liefern ebenfalls zweiwertige Ergebnisse. Es sind Relationen zwischen zwei arithmetischen Ausdrücken (oder Textausdrücken, s. Abschn. 6.2), die entweder erfüllt, oder nicht erfüllt sind. Sie werden deshalb hier kurz Bedingungen genannt. Es stehen folgende Vergleichsoperatoren zur Verfügung:

mathem. Symbol	FORTRAN	englisch	mathem. Symbol	FORTRAN	englisch
=	.EQ.	equal	≠	.NE.	not equal
>	.GT.	greater than	≥	.GE.	greater than or equal
<	.LT.	less than	≤	.LE.	less than or equal

Definition: Eine oder mehrere durch logische Operationen und ggf. Klammern verknüpfte logische Konstanten, Variablen oder Vergleichsausdrücke bilden einen logischen Ausdruck.

Beispiel 14. Logische Ausdrücke

A und B seien vom Typ Real, X1 und X2 vom Typ Logical.

mathem. Schreibweise	FORTRAN
$A = 0$	A .EQ. 0
$(A > 0) \wedge (B > 0)$	(A .GT. 0) .AND. (B .GT. 0)
$\neg(\neg X1 \vee \neg X2)$	.NOT.(.NOT. X1 .OR. (.NOT. X2))
$\neg X1 \vee X2$	.NOT. X1 .OR. X2

Der vorletzte Ausdruck ist eine umständliche Schreibweise der Konjunktion, der letzte ergibt die in FORTRAN nicht unmittelbar darstellbare Implikation ⇒ , s. Aufg. 18, S. 117.

5.4 ANWEISUNGEN. PROGRAMM

Die vorstehend behandelten Ausdrücke bilden den wesentlichen Teil der im Abschn. 5.5 behandelten Zuordnungsanweisung. Weitere Anweisungsarten werden in den folgenden Abschnitten erläutert. Diese Einteilung entspricht den Symbolen im Programmablaufplan. Es gibt noch ein weiteres Einteilungsprinzip: Eine <u>ausführbare Anweisung</u> wird vom compiler in einen oder mehrere Befehle der Maschinensprache übersetzt. Die meisten Anweisungen sind ausführbar. Es gibt aber außerdem Anweisungen, denen kein Symbol im Plan und keine unmittelbaren Maschinenbefehle entsprechen, sie heißen <u>nicht ausführbare Anweisungen</u>. Sie dienen zur Beschreibung von Datentypen, Programmarten und Dateien. Manche FORTRAN-Regeln beziehen sich auf diese Einteilung.

Wie bereits mehrfach erwähnt, werden die symbolischen Adressen der Speicherzellen, in denen die Daten stehen, durch Namen gekennzeichnet. Entsprechend gilt für <u>Anweisungen</u>:

> Die symbolischen Adressen der Anweisungen werden durch <u>Anweisungsnummern</u> (statement labels) angegeben. Sie sind ganze positive Konstanten mit 1 bis 5 Ziffern. Es brauchen nur die Sprungziele von Verzweigungen und einige weitere Anweisungen numeriert zu werden. Ferner brauchen diese Nummern keine steigende Folge zu bilden. Die Anweisungen werden in der Reihenfolge ausgeführt, in der sie im Programm stehen. Bei Sprunganweisungen wird am Sprungziel fortgefahren.

Wegen der Übersichtlichkeit des Programms empfiehlt es sich, für die Anweisungsnummern eine steigende Folge mit Zehnerschritten zu wählen, damit ggf. bei späteren Änderungen noch Zahlen eingefügt werden können.

Für das <u>Schreiben von Anweisungen</u> gelten folgende Regeln:

1. Jede Anweisung beginnt mit einer neuen Zeile (line, ggf. Lochkarte) und kann bis zu 20 Zeilen lang sein.

2. Jede Zeile besteht aus 72 Schreibstellen (columns), die in folgender Weise zu beschriften sind:

3. Steht in der 1. Stelle ein * oder ein C, so wird diese Zeile als <u>Kommentarzeile</u> aufgefaßt. In ihr kann beliebiger Text geschrieben werden, der mit der Programmliste gedruckt, bei der Verarbeitung aber nicht berücksichtigt wird. Bei einfachen Programmen können diese Kommentarzeilen die Programmbeschreibung ersetzen.

4. In der 2. bis 5. Stelle (ggf. auch in der 1. Stelle) steht die <u>Anweisungsnummer</u>.

5. Ist die 6. Stelle leer oder enthält die Ziffer 0, so wird diese Zeile als "neue Zeile" aufgefaßt. Enthält sie ein anderes Zeichen, so gilt sie als Fortsetzung der vorigen Zeile. Kommentarzeilen haben keine Fortsetzungszeilen, ggf. sind mehrere zu benutzen.

6. <u>In die 7. bis 72. Stelle ist die Anweisung zu schreiben.</u> Sie darf in einer beliebigen Stelle beginnen. Zwischen Teile einer Anweisung dürfen blanks geschrieben werden.

> <u>Definition</u>: Eine nach bestimmten Regeln zusammengestellte Folge von Anweisungen bildet eine <u>Programmeinheit</u> (program unit). Die in diesem Abschnitt behandelten Programmeinheiten heißen <u>Hauptprogramme</u> (main programs). Ein Hauptprogramm mit einer beliebigen Anzahl (auch keinem) dazugehöriger <u>Unterprogramme</u> (subprograms, s. Abschn. 7) bildet ein <u>ausführbares Programm</u> (executable program). (Gemäß ANSI X3.9-1978).

In der Praxis sind die Bezeichnungen "Programm" für Programmeinheit und "Programmsystem" für ein Hauptprogramm mit dazugehörigen Unterprogrammen üblich. Die semantische Definition des Begriffs "Programm" erfolgte auf S. 12.

Für den <u>Aufbau einer Programmeinheit</u> gelten grob folgende Regeln, die später ergänzt werden:

1. Die erste Anweisung eines Hauptprogramms sollte lauten

$\boxed{\text{PROGRAM Programmname}}$ Programmname = Name gemäß S. 77

Diese Anweisung entspricht dem Symbol "Anfang" im Plan. Sie ist für Hauptprogramme nicht obligatorisch. Die in Abschn. 7 behandelten Unterprogramme müssen aber mit einer entsprechenden Anweisung beginnen.

2. Es folgen ggf. die Spezifikationsanweisungen (es sind nicht ausführbare Anweisungen, s. Abschn. 5.2.2 und 7.4). Dieser Programmteil heißt der <u>Vereinbarungsteil</u>.

3. Es folgen die Anweisungen, die zur Lösung des Problems führen. Dies ist der sog. <u>Anweisungsteil</u>, das Programm im engeren Sinne.

4. Die letzte Anweisung jedes Programms lautet $\boxed{\text{END}}$
Sie entspricht dem Symbol "Ende" im Plan.

5.5 ZUORDNUNGSANWEISUNG

Die Zuordnungsanweisung (assignment statement) hat folgende Form

$\boxed{\text{Variable = Ausdruck}}$

Der Wert des Ausdrucks wird ermittelt und in der Zelle gespeichert, deren symbolische Adresse durch die Variable angegeben ist. Wenn der Ausdruck ein arithmetischer ist (Abschn. 5.3.1), wird diese Anweisung auch als arithmetische Anweisung bezeichnet. Der Datentyp des Ausdrucks wird dann automatisch in den Typ der Variablen umgewandelt. Die obige Form der Zuordnungsanweisung gilt aber auch für logische Ausdrücke (Abschn. 5.3.2) und Textausdrücke (Abschn. 6.2). In diesen Fällen muß der Typ des Ausdrucks mit dem der Variablen übereinstimmen.
Beispiel: Zuordnungsanweisungen

```
CHARACTER NAME * 20    | Y = A * SIN(OMEGA * T + PHI)
LOGICAL X1, X2, Z      | NAME = 'HANS MUELLER'
                       | Z = .NOT. (X1 .AND. X2)
```

5.6 EIN- UND AUSGABEANWEISUNGEN

Diese Anweisungen werden aus systematischen Gründen in einem Abschnitt behandelt. Dem Anfänger wird empfohlen, zunächst nur den Abschn. 5.6.1 zu bearbeiten. Mit diesen einfachen Anweisungen können die meisten Beispiele und Aufgaben der Abschn. 4 und 5 programmiert werden. Der Abschn. 5.6.2 bildet den schwierigsten Teil des elementaren FORTRAN und sollte erst bearbeitet werden, wenn einige Programmiererfahrung vorliegt.

5.6.1 Listengesteuerte E/A-Anweisungen. Interne Wertzuweisung

Für einfache Ansprüche genügen folgende Anweisungen:

Dateneingabe | READ *, Eingabeliste |

Eingabeliste = Namen von einfachen Variablen, indizierten
      Variablen, Bereichen.

Wird diese Anweisung bei der Ausführung des Programms erreicht, wird am Bildschirm ein Fragezeichen ausgegeben. Dann sind über die Tastatur die der Eingabeliste entsprechenden Werte als Konstante einzugeben. Zwischen zwei Konstante ist ein blank oder ein Komma zu schreiben. Nach dem letzten Wert ist die ENTER-Taste zu drücken. Dadurch wird das Satzende-Zeichen erzeugt, die Daten werden zum Rechner übertragen und die nächste Anweisung wird ausgeführt.

Wird die ENTER-Taste zu früh gedrückt, wird beim hier benutzten Rechner ein neuer Datenwert angefordert. Wurden vor dem Drücken der ENTER-Taste zuviele Werte eingegeben, werden nur soviele übertragen, wie die Eingabeliste enthält. Die restlichen gehen verloren, werden also nicht als Beginn des nächsten Satzes interpretiert. Es wird kein Fehler angezeigt.

Mit der folgenden Anweisung wird zusätzlich eine <u>Abfrage auf das Datenende</u> erreicht (s.S. 55)

| READ(*, *, END = n) Eingabeliste |

Bei jedem eingegebenen Wert wird geprüft, ob es das Datenende-Zeichen (EOF-Zeichen) ist. Wenn ja, wird zur Anw.Nr. n verzweigt, andernfalls wird dieser Wert normal verarbeitet. Das

Datenende-Zeichen wird beim hier benutzten Rechner durch zweimaliges Drücken der ENTER-Taste erzeugt (s.Beisp. 23, S. 113). Eine weitere Wirkung dieser Anweisung zeigt S. 97.

<u>Datenausgabe</u>   PRINT∗[,Ausgabeliste]

Ausgabeliste = wie Eingabeliste, außerdem Konstanten, arithm. Ausdrücke

Über ein vorgegebenes Gerät (z.B. Bildschirm des terminals) werden, beginnend mit einer neuen Zeile, die in den betr. Zellen gespeicherten Werte, bezw. die Konstanten ausgegeben. So können z.B. Texte als Characterkonstanten ausgegeben werden. Wegen der besseren Übersichtlichkeit des Programms sollten arithmetische Ausdrücke in der Liste vermieden werden. Ferner empfiehlt es sich, die Liste nur so lang zu machen, daß alle ausgegebenen Werte in einer Zeile Platz haben.

Bei Zahlen ist die Anzahl der auszugebenden Ziffern nicht genormt. Die nebenstehende Tafel zeigt die Ausgabe von Real-Zahlen beim hier benutzten Rechner. Man beachte den automatischen Übergang zur Exponentialform und die Rundungsfehler. Integer-Zahlen werden rechtsbündig in einem 10-stelligen Feld ausgegeben, komplexe Zahlen mit Klammern, Zeichen linksbündig ohne Apostrophe.

```
0.999999975E-005
0.999999902E-004
0.999999931E-003
0.999999791E-002
0.999999642E-001
1.000000000000
10.00000000000
100.0000000000
1000.000000000
10000.00000000
100000.0000000
1000000.000000
10000000.00000
100000000.0000
.100000000E+010
0.999999898E+010
```

Fehlt die Ausgabeliste, so wird eine <u>Leerzeile</u> ausgegeben.

N =   2

<u>Beispiel 15.</u> Beim <u>Dialogbetrieb</u> sollen dem Benutzer Hinweise für die Dateneingabe gegeben und die eingegebenen Werte zur Kontrolle wieder ausgegeben werden. Dies zeigt der folgende Programmausschnitt.

```
      PRINT∗, 'DIE WERTE FUER A, B, C EINGEBEN.'
      PRINT∗
      READ∗, A, B, C
      PRINT∗, 'A = ', A, ' B = ', B, ' C = ', C
```

Zunächst wird der Text, dann eine Leerzeile ausgegeben. Nun erwartet der Rechner die Dateneingabe. Nachdem sie erfolgt ist, werden die Namen und die eingegebenen Werte ausgegeben.

Interne Wertzuweisung

Jede Speicherzelle muß zunächst initialisiert werden (s.S. 41). Dies geschieht entweder mit einer Zuordnungsanweisung, einer READ-Anweisung, oder den folgenden Anweisungen.

Mit der folgenden Anweisung werden Konstante initialisiert

    PARAMETER (Name = Konstante, Name = Konstante, ...)

Die betr. Zellen werden mit den Konstanten belegt. Ihr Inhalt darf im weiteren Verlauf des Programms nicht geändert werden. Deshalb werden diese Namen als Konstantennamen bezeichnet. Es gibt weitere FORTRAN-Anweisungen, in denen an bestimmten Stellen nur Konstanten stehen dürfen. Dort dürfen oft auch Konstantennamen verwendet werden. Diese Anweisung ist eine Spezifikationsanweisung.

Mit der folgenden Anweisung werden Variable initialisiert

    DATA Variablenliste / Konstantenliste / ......

Die Elemente beider Listen werden paarweise gleichgesetzt und müssen deshalb vom gleichen Typ sein. Haben mehrere Elemente der Konstantenliste den gleichen Wert, so darf das mit einem Wiederholungsfaktor k* angegeben werden. k ist eine ganze pos. Konstante. In einem Programm dürfen mehrere DATA-Anweisungen vorkommen. Es sind nicht ausführbare Anweisungen, die nach den Spezifikationsanweisungen zu plazieren sind.

Das folgende setzt die Kenntnis des Abschn. 6.1 voraus. In der Variablenliste dürfen auch Bereichsnamen auftreten. Werden sie ohne Indizes geschrieben, ist der gesamte Bereich gemeint. Wird ein Index angegeben, ist das betr. Element gemeint. Auch die implizite DO-Anweisung darf in der Variablenliste benutzt werden.

Beispiel: PARAMETER(LEN = 14, M = 10, N = 20, PI = 3.14159)
            CHARACTER * LEN TEXT
            REAL MATRIX(M, N)
            DATA TEXT, MATRIX / 'FUNKTIONSTAFEL', 200 * 0. /

Die Größen LEN, M und N in der CHARACTER- und REAL-Anweisung müssen Konstanten sein. Mit der DATA-Anweisung gelangt das Wort FUNKTIONSTAFEL in die Zelle TEXT und alle Elemente der Matrix werden Null gesetzt.

5.6.2 Allgemeine E/A Anweisungen

Mit den folgenden Anweisungen kann ein beliebiges E/A Gerät adressiert und die Form der Ausgabe sehr flexibel gestaltet werden. Um die Möglichkeiten dieser Anweisungen voll auszuschöpfen, müssen die Fragen der Datenorganisation vor dem Schreiben des Programms vollständig geklärt sein (s. Ziff. 4, S. 34). Zunächst werden einige Fachausdrücke erklärt. Dabei werden die Ausführungen des Abschn. 2 als bekannt vorausgesetzt. Weiterführende Betrachtungen finden sich im Abschn. 8.

> **Definition:** Mehrere zusammengehörige __Zeichen__ (characters) bilden ein __Feld__ (field); mehrere Felder einen __Satz__ (record): mehrere Sätze eine __Datei__ (file) und mehrere Dateien eine __Datenbank__ (data base).

Beispiel:

Feld	Satz	Datei
eine Zahl	Zeile einer Matrix	Matrix
Nachname	alle Personaldaten einer Person	alle Personaldaten einer Gruppe
Anw.Nr.	eine Anweisung	ein Programm

Streng genommen muß zwischen einem __physischen Satz__ im Speicher und dem __logischen Satz__ im Programm unterschieden werden. Hier wird nur der einfachste Fall behandelt, daß beide Sätze in ihrem Aufbau übereinstimmen. Die wichtigsten Beispiele für physische Sätze sind: eine Zeile beim Bildschirm oder Drucker und eine Lochkarte. Zum Satzendezeichen siehe S. 91.

Bei Dateien wird in FORTRAN zwischen _internen und externen Dateien_ unterschieden. Eine interne Datei befindet sich im Zentralspeicher, eine externe auf einem peripheren Speicher und wird über ein E/A Gerät zur bezw. von der ZE übertragen. Man sagt: das E/A Gerät (unit) wird mit der Datei verbunden. In den folgenden Anweisungen werden diese Geräte durch Zahlen bezeichnet. Sie werden die _logischen Adressen_ dieser Geräte genannt. Der Benutzer weiß nämlich im allg. nicht, welches tatsächliche Gerät (von z.B. mehreren Druckern) benutzt wird. Diese Gerätenummer wird auch als _Dateinummer_ bezeichnet. Diese nicht sehr glückliche Doppelbezeichnung ergibt sich aus der historischen Entwicklung der Sprache. Früher gab es bei einer RA nur wenige E/A Geräte, auf die man sich unmittelbar bezog. Heute steht der Begriff "Datei" im Mittelpunkt. Mit welchem Gerät sie verarbeitet wird, ist für den Programmierer unwesentlich.

Auf Dateien kann auf zwei verschiedene Arten zugegriffen werden: _sequentiell und direkt_. Sequentiell bedeutet, daß mit der zur Ausführung gelangenden E/A Anweisung jeweils der "nächste Satz" der Datei übertragen wird. Das ist der Satz, der sich zur Zeit der Ausführung dieser Anweisung in der Lese/Schreib-Station des betr. Gerätes befindet. Nach Ausführung der Anweisung wird automatisch zum nächsten Satz übergegangen (Beispiel: Schreiben von Zeilen). In diesem Abschnitt wird nur über sequentielle Verarbeitung gesprochen. Beim direkten Zugriff kann ein beliebiger Satz der Datei verarbeitet werden (Abschn. 8). Diese Unterteilung stammt von der unterschiedlichen Arbeitsweise von Magnetbändern und -platten. Heute ist es mit Hilfe der Zugriffssteuerung möglich, einen direkten Zugriff zum Band zu simulieren und eine Platte sequentiell zu lesen. Der Benutzer weiß also im allg. nicht, wo sich seine Datei tatsächlich befindet.

Je nach Art der Codierung der Daten unterscheidet man zwischen _formatierten_ (formatted) und _formatfreien_ (unformatted) _Dateien._ In einer formatierten Datei sind die Daten im Code des peripheren Gerätes gespeichert (EBCDIC oder ASCII). Bei der Übertragung zur ZE wird er automatisch umgewandelt (s.Abschn. 5.2.1). In diesem Abschnitt werden vorwiegend formatierte Dateien behandelt. In einer formatfreien Datei liegt der Code des Zentralspeichers vor, die Umwandlung entfällt vor dem Transport. Sie werden vorwiegend im Zusammenhang mit den magnetischen Speichern benutzt und im Abschn. 8 näher behandelt.

Die allgemeinen Ein- und Ausgabeanweisungen lauten

$$\begin{matrix} \text{READ} \\ \text{WRITE} \end{matrix} \text{ (Steuerliste) [E/A Liste]}$$

E/A Liste wie Abschn. 5.6.1. Wenn sie fehlt, gelangt nur die Steuerliste zur Wirkung.

Die Steuerliste besteht im einfachsten Fall aus folgenden beiden Elementen:

[UNIT =] u   Wenn [UNIT =] fehlt, muß u das 1. Element der Liste sein.

u bezeichnet eine externe oder interne Datei. Eine externe Datei wird mit einem pos. Integerausdruck oder mit * bezeichnet. Der Integerausdruck (meist eine Konstante) ist die anlagenspezifische Gerätenummer (Dateinummer). Häufig bedeutet

    5 Eingabegerät   6 Ausgabegerät

Wird * benutzt, so ist das Standardgerät des Abschn. 5.6.1 gemeint.

Eine interne Datei wird durch eine Character-Variable bezeichnet. Näheres hierzu s. Abschn. 6.2. Die durch die E/A Liste bezeichneten Speicherzellen bilden nicht die interne Datei.

[FMT =] [f]   Wenn [FMT =] fehlt, muß f das zweite Element der Liste sein. Wenn beides fehlt, findet eine formatfreie Übertragung statt.

f heißt der Formatbezeichner. Er besteht alternativ aus:

1. Einer pos. Integerkonstanten. Sie bedeutet die Anw.Nr. der im folgenden beschriebenen FORMAT-Anweisung. Oder

2. Einem CHARACTER-Ausdruck. Er wirkt wie die Liste in der FORMAT-Anweisung. Er muß auch die Klammern enthalten, in die diese Liste zu setzen ist. Oder

3. *, dann wird das Standardformat des Abschn. 5.6.1 benutzt.

Der Formatbezeichner beschreibt die Gliederung der äußeren Datei und bewirkt die Umcodierung. Es findet eine formatierte Übertragung statt. Sie ist insbesondere bei einer Ausgabe über den Bildschirm oder Drucker unerläßlich.

Wenn das Standardgerät benutzt wird sind folgende <u>Kurzformen</u> zulässig

```
READ
PRINT  f, E/A Liste
```

Für f = * ist dies die Form des Abschn. 5.6.1. Der Übersichtlichkeit halber wird in diesem Buch diese Kurzform nur in diesem Spezialfall benutzt.

Beispiel: Die beiden nebenstehenden Anweisungen haben die gleiche Wirkung.

PRINT *, X, Y
WRITE(*,*) X, Y

Es wird über das Standardgerät im Standardformat ausgegeben. Dies wird manchmal fälschlich als "formatfreie" Ausgabe bezeichnet.

Alle folgenden Anweisungen haben ebenfalls die gleiche Wirkung. Es wird über das Gerät Nr. 6 im Format 5X, 2F10.5 ausgegeben. Die Bedeutung dieser Formatangabe wird anschließend erläutert.

```
    WRITE(UNIT = 6, FMT = 100) X, Y
    WRITE(6, 100) X, Y            |  WRITE(6, '(5X, 2F10.5)') X, Y
100 FORMAT(5X, 2F10.5)            |  MASKE = '(5X, 2F10.5)'
                                  |  WRITE(6, MASKE) X, Y
```

Die Variante mit der MASKE bietet die Möglichkeit eines "variablen Formats". Der Variablen MASKE können an verschiedenen Stellen des Programms unterschiedliche Werte zugewiesen werden. Allerdings muß an dieser Stelle das tatsächliche Format zur Ausführungszeit bekannt sein. Auch diese Voraussetzung darf entfallen, s. Beisp. 39, S. 135.

Die Steuerliste kann noch folgende Elemente enthalten.

[ERR = n] n ist eine pos. Integerkonstante. Sie bedeutet die Nr. einer Anweisung, zu der verzweigt wird, wenn bei der Datenübertragung ein Fehler entdeckt wird.

[END = n] n ist eine pos. Integerkonstante. Sie bedeutet die Nr. einer Anweisung, zu der verzweigt wird, wenn das Datenende-

Zeichen (EOF-Zeichen) eingelesen wird. Außerdem wird dadurch das Eingabegerät inaktiviert (die Eingabedatei wird geschlossen). Wenn im gleichen Programm später nochmals über dieses Gerät eingelesen werden soll, sind Kommandos der Steuersprache erforderlich. In diesem Fall ist zu der in Ziff. 3.2, S. 55 geschilderten Art der Abfrage auf Datenende zu raten.

Die <u>FORMAT-Anweisung</u> hat folgende Form

```
n FORMAT(Formatliste)
```

Jede FORMAT-Anweisung muß eine Anweisungsnummer n haben. Mehrere READ/WRITE-Anweisungen dürfen sich auf die gleiche FORMAT-Anweisung beziehen. Von Ausnahmefällen abgesehen darf eine FORMAT-Anweisung nach den Spezifikations-Anweisungen an einer beliebigen Stelle des Programms stehen. Man schreibt sie entweder direkt zu der dazugehörigen READ/WRITE-Anweisung, oder stellt alle FORMAT-Anweisungen zusammen an eine gemeinsame Stelle des Programms. Die FORMAT-Anweisung ist eine nicht ausführbare Anweisung.

Die <u>Formatliste</u> ist der wesentliche Kern des Formatbeschreibers und beschreibt die Gliederung der externen Datei in Sätze und Felder. Sie enthält zwei Arten von Elementen, die in beliebiger Reihenfolge auftreten können:

1. <u>Steuerungsformatbeschreiber</u>. Sie enthalten Informationen für das E/A Gerät. Die wichtigsten sind:

/ Satztrennung , Feldtrennung nX n Leerstellen

Weitere werden auf S. 102 beschrieben.

2. <u>Datenformatbeschreiber</u>. Sie enthalten Informationen über die Form der Daten in der externen Datei, z.B. Datentyp und Anzahl der zu übertragenden Ziffern. Sie werden im Normalfall den Elementen der E/A Liste paarweise zugeordnet. Die nun folgende Beschreibung entspricht der des Abschn. 5.2.

<u>Numerische Größen</u> werden durch Felder der nebenstehenden Form beschrieben

```
Bw.d
```

B = feststehender Buchstabe für den Datentyp.

w = positive Integerkonstante. Sie bedeutet die Feldlänge (width). Dies wird bei den einzelnen Typen genauer erläutert.

d = pos. Integerkonstante. Sie bedeutet die Anzahl der zu übertragenden Ziffern nach dem Dezimalpunkt. Diese Angabe bezieht sich nur auf die E/A und hat nichts mit der internen Rechengenauigkeit zu tun (s.Abschn. 5.2).

In der Formatliste dürfen keine Konstantennamen benutzt werden.

Für alle numerischen Typen gelten folgende Regeln:

Bei der Eingabe werden blanks als Nullen interpretiert. Die Ausgabe erfolgt rechtsbündig, d.h. die letzte Ziffer steht in der letzten Stelle des Feldes. Bei gebrochenen Zahlen wird die letzte Ziffer gerundet. Führende Nullen und das Vorzeichen + werden bei der Ausgabe durch blanks ersetzt. Wenn die Feldlänge zu groß gewählt wird, kann dadurch ein Zwischenraum zwischen zwei Zahlen erzeugt werden. Bei einer zu kleinen Feldlänge werden w Sterne gedruckt.

Für den Typ Integer gilt die Form $\boxed{Iw}$

Zur Feldlänge gehört außer der Anzahl der Ziffern auch das Vorzeichen. Auch die Eingabe muß rechtsbündig erfolgen.

Für die Typen Real und Double Precision gibt es mehrere Formen.

Das F-Format hat die Form $\boxed{Fw.d}$

Zur Feldlänge gehört außer der Anzahl der Ziffern je eine Stelle für den Dezimalpunkt und das Vorzeichen. Bei der Eingabe ist die Lage der Zahl innerhalb des Feldes beliebig. Die Ausgabe erfolgt in der im folgenden Beispiel gezeigten "üblichen" Schreibweise.

Das E-Format hat die Form $\boxed{Ew.d}$

Die E/A erfolgt in der Exponentialform. Zur Feldlänge zählen außer der Anzahl der Ziffern, dem Dezimalpunkt und dem Vorzeichen noch eine Null und vier Stellen für den Exponenten (s.Beispiel). Es muß also $w \geq d + 7$ sein. Die Eingabe muß rechtsbündig erfolgen, weil der Exponent vom Typ Integer ist.

Wenn die Größenordnung der Daten sehr schwankt,
benutzt man das G-Format | Gw.d |

Bei der Eingabe wirkt es wie das E-Format. Bei der Ausgabe
wird je nach dem Wert des Absolutbetrages der Zahl automatisch
das F- oder E-Format gewählt. Wenn $0.1 < |\text{Zahl}| < 10^d$ ist,
wird das F-Format mit d (nicht w) gültigen Ziffern gewählt,
außerdem werden rechts vier blanks ausgegeben (weggelassener
Exponent). Andernfalls wird mit Ew.d ausgegeben.

Beispiel 16. Ausgabe gebrochener Zahlen.

```
    WRITE(6, 100) X       WRITE(6, 110) X        WRITE(6,120) X
100 FORMAT(F6.2)      110 FORMAT(E12.5)      120 FORMAT(G12.5)
```

dezimaler Inhalt der Zelle X	F-Format	Ausgabe E-Format	G-Format
-0.0123456	b-0.01	-0.12346E-01	-0.12346E-01
-12.3456	-12.35	-0.12346E+02	b-12.346bbbb
$-1.23456 \cdot 10^7$	******	-0.12346E+08	-0.12346E+08

Es gibt noch weitere Formate, die hier nicht erläutert werden.

Für den <u>Typ Complex</u> sind zwei Real-Felder erforderlich. Die
bei der Standardeingabe erforderlichen Klammern entfallen bei
einer formatisierten Eingabe. Sie werden nicht ausgegeben.

<u>Nichtnumerische Größen</u>

Für den <u>Typ Logical</u> gilt die Form | Lw |

Es können .TRUE. und .FALSE. oder kürzer T und F eingegeben werden. Die Ausgabe erfolgt stets rechtsbündig in der
kürzeren Form.

Für den <u>Typ Character</u> gilt die Form | A[w] |

Wenn w fehlt, ist die gleiche Länge wie in der CHARACTER-
Anweisung gemeint. Dies ist zu empfehlen, da sonst bei Unterschieden zwischen beiden Längen recht komplizierte Effekte
auftreten. Die bei der Standardeingabe erforderlichen Apostrophe entfallen bei einer formatisierten Eingabe. Sie werden
nicht ausgegeben.

Für die Ausgabe besteht die Möglichkeit, Character-Konstante
als Elemente der Formatliste aufzuführen. Das hat die gleiche
Wirkung wie wenn sie Elemente der E/A Liste wären. Diese un-
systematische Doppelregel ist in der historischen Entwicklung
der Sprache begründet.

Beispiel: Die folgenden Anweisungen haben die gleiche Wirkung:

```
WRITE( * ,'(A9,F8.2)') ' SUMME = ', SUM
TEXT = ' SUMME = '
WRITE( * , 100) TEXT, SUM         | 100 FORMAT(A9, F8.2)
WRITE( * , 100) ' SUMME = ', SUM  |                                )
WRITE( * , 110) SUM               | 110 FORMAT(' SUMME = ', F8.2)
```

Wiederholungsfaktor und innere Klammern

Vor jeden Datenformatbeschreiber darf ein Wiederholungsfaktor
k als pos. Integer-Konstante geschrieben werden. Dies hat
die gleiche Wirkung wie wenn dies Element k mal hintereinander
geschrieben würde. Ferner dürfen Teile der Liste in Klammern
gesetzt werden, vor die ggf. auch ein Wiederholungsfaktor geschrieben werden werden darf. Dies hat die gleiche Wirkung
wie wenn der Klammerinhalt mehrfach hintereinander geschrieben
würde. Es dürfen Klammern geschachtelt werden.

Wenn die Formatliste länger als die E/A Liste ist, hat dies
keine Wirkung. Wenn die E/A Liste länger als die Formatliste
ist, wird diese mit Beginn_eines_neuen_Satzes mit dem ersten
Element innerhalb des Klammerpaares wiederholt, das als letz-
tes verarbeitet wurde. Normalfall ohne innere Klammern: die
Formatliste wird von vorn wiederholt.

Beispiel 17. Wiederholungsfaktoren und innere Klammern

```
      DATA A, B, C, D, I, J, K      1. A u s g a b e
    1    /1.,2.,3.,4., 1, 2, 3 /       Schreibstelle
*                                   |
      WRITE(*, 100) A, B, C         |
  100 FORMAT(3F10.5)                ⌄⌄⌄1.00000    2.00000    3.00000
*                                      1.00000
      WRITE(*,110) A, B, C             2.00000
  110 FORMAT(F10.5)                    3.00000
*
```

```
      WRITE(*,120) I, A, B, C, D           Ausgabe
  120 FORMAT(I5/(2F10.5))
    *                                  1
                                       1.00000    2.00000
                                       3.00000    4.00000
      WRITE(*, 130) I, A, J, B, K, C   1   1.00000    2    2.00000    3    3.00000
  130 FORMAT(3(I5, F10.5))
    *
      END
```

Weitere Steuerungsformatbeschreiber

Wird das Satztrennungszeichen / n mal wiederholt, werden bei
der Eingabe n-1 Sätze (z.B. Lochkarten) überlesen, bei der Ausgabe werden n-1 Leerzeilen erzeugt.

Zwischen den Datenformatbeschreiber können folgende Steuerzeichen gesetzt werden, die die Wirkung eines Tabulators einer
Schreibmaschine haben. n ist eine pos. Integer-Konstante.

nX Bei der Eingabe werden, beginnend mit der jetzigen Position n Zeichen überlesen. Bei der Ausgabe werden n Leerzeichen erzeugt.

Tn Es erfolgt ein Sprung zur n-ten Schreibstelle des Satzes.

Es gibt noch weitere Steuerungsformatbeschreiber.

Steuerzeichen für den Drucker

Bei Ausgabe über einen Drucker wirkt automatisch das erste
Zeichen jedes Satzes als Steuerzeichen und wird nicht gedruckt.
Es bedeuten

                b   einfacher Zeilenvorschub
                0   doppelter Zeilenvorschub
                1   Seitenvorschub
                +   kein Zeilenvorschub

Mit Ausnahme des blank müssen die anderen Steuerzeichen vom
Typ Character sein. Es empfiehlt sich, sie als getrennte Character-Konstanten in der Formatliste aufzuführen. Bei Ausgabe
von numerischen Daten genügt es für einfachen Zeilenvorschub,
daß das erste Feld jedes Satzes ein zusätzliches blank enthält.

Beispiel 18. Vierfeldertafel der Statistik.

Die Vierfeldertafel ist eine häufige Darstellungsart der Ergebnisse statistischer Erhebungen. Es wird nach zwei Merkmalen A und B sowie deren Negation A* und B* gefragt (z.B. Raucher - Nichtraucher und Sportler - Nichtsportler). In die vier Felder werden die Anzahlen der ermittelten Elemente eingetragen, bei denen die Konjunktion der in den Randspalten angegebenen Merkmale zutrifft. In der nachstehenden Tafel besitzen 722 Elemente die Merkmale B und A*. In den Randspalten stehen die Summen der Anzahlen in den betr. Spalten bezw. Zeilen.

Das nachstehende Programm zeigt die Berechnung und den Druck der angegebenen Tafel. Hinweis: ST bedeutet bei den Variablennamen *.

```
      PROGRAM VIERF
      INTEGER ZSUB, ZSUBST,SSUA, SSUAST, GESU
      DATA NAB, NASTB, NABST,NASTBS
     1   / 110,   722,   126,   1042/
*
*     BERECHNUNG
      ZSUB = NAB + NASTB
      ZSUBST = NABST + NASTBS
      SSUA = NAB + NABST
      SSUAST = NASTB + NASTBS
      GESU = ZSUB + ZSUBST
*
*     AUSGABE
      WRITE(*, 110)
*     ANW.NR. 110 UND 130 DUERFEN AUCH IN JE EINE ZEILE
*     GESCHRIEBEN WERDEN.
  110 FORMAT(15X, 'VIERFELDERTAFEL' //
     1   16X, 'I', 3X, 'A', 5X, 'A* I')
      WRITE (*, 120)
  120 FORMAT(11X, '-----I------------I-----')
      WRITE(*, 130) NAB,NASTB,ZSUB,NABST,NASTBS,ZSUBST
  130 FORMAT(13X, 'B  I', I5, I6, ' I', I5 /
     1   13X, 'B* I', I5, I6, ' I', I5)
      WRITE(*, 120)
      WRITE(*, 140) SSUA,SSUAST,GESU
  140 FORMAT(16X, 'I', I5, I6, ' I', I5)
      END
```

```
            A u s g a b e

            VIERFELDERTAFEL

             I    A     A* I
        -----I------------I-----
          B  I  110    722 I  832
          B* I  126   1042 I 1168
        -----I------------I-----
             I  236   1764 I 2000
```

Weitere Programme mit der FORMAT-Anweisung befinden sich insbesondere im Abschn. 6.

5.7 STEUERANWEISUNGEN

5.7.1 Unbedingter Sprung

Die einfachste Steueranweisung lautet   `GOTO n`

Als nächstes wird die Anw.Nr. n ausgeführt. Diese GOTO-Anweisung wird als Ergänzung mancher folgender Steueranweisung gebraucht, weil auch in FORTRAN 77 keine unmittelbaren Anweisungen für die verschiedenen Schleifenformen (s.S. 45) zur Verfügung stehen. Im Sinne der strukturierten Programmierung sollte sie möglichst wenig benutzt werden.

5.7.2 Bedingter Sprung

Mit Hilfe der verschiedenen Formen dieser Anweisung können alle Arten von Verzweigungen programmiert werden. Die einfachste Form ist die logische IF-Anweisung

```
IF(logischer Ausdruck)   ausführbare Anweisung
nächste Anweisung
```

Der logische Ausdruck ist oft ein Vergleichsausdruck (s. Abschn. 5.3.2), der hier kurz "Bedingung" genannt wird. Wenn die Bedingung erfüllt ist, wird die ausführbare Anweisung in der IF-Zeile ausgeführt und anschließend ggf. die "nächste Anweisung" in der folgenden Zeile. Wenn die Bedingung nicht erfüllt ist, wird sofort die "nächste Anweisung" ausgeführt. Die ausführbare Anweisung in der IF-Zeile darf keine IF- und keine DO-Anweisung sein. Häufig lautet sie GOTO n. Damit wird die "nächste Anweisung" bei "Ja" (Bedingung ist erfüllt) übersprungen und je nach der Stellung der Anw.Nr. n im Programm ergibt sich eine Masche mit einer Folge im Nein-Zweig oder eine Wiederholungsschleife (s.Bild 25). Besteht bei einer Masche mit nur einer Folge im Ja-Zweig diese Folge nur aus einer Anweisung, so kann diese in die IF-Zeile gesetzt werden.

Wirkung von   IF(logischer Ausdruck) GOTO n
              nächste Anweisung

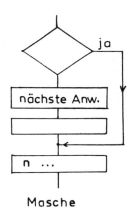

Masche

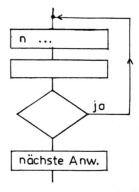

Wiederholungsschleife

Zum Realisieren einer Bedingungsschleife benötigt man eine weitere GOTO-Anweisung

n_1 IF(log. Ausdruck) GOTO n_2
    Folge
    GOTO n_1
n_2 .....

Wenn die Anweisung n_1 vor der IF-Anweisung steht, ergibt sich die allgemeine Form einer Schleife von Bild 9, S. 44.

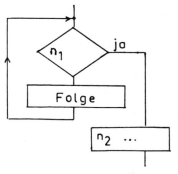

Bedingungsschleife

Bild 25
Logische IF-Anweisung

Neu in FORTRAN 77 ist die <u>Block-IF-Anweisung</u>. Ihre Form und
Wirkung ist wie folgt

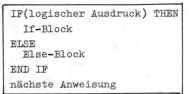

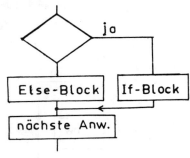

Man beachte, daß keine GOTO-
Anweisung und keine Anw.Nr.
erforderlich sind. Es ist
nicht zulässig "von außen",   Bild 26   Block-IF-Anweisung
d.h. unter Umgehung der IF-
Zeile in diese Struktur hineinzuspringen. Herausspringen ist
erlaubt. Mit dieser Anweisung können unmittelbar Maschen mit
zwei besetzten Zweigen programmiert werden. Die ELSE-Anweisung und der Else-Block dürfen entfallen.

Beide Blöcke dürfen weitere Verzweigungen enthalten. Befindet sich
eine im IF-Block, so
ist eine weitere Block-
IF-Anweisung zu benutzen:

IF(log. Ausdr. 1) THEN
  IF(log. Ausdr. 2) THEN
    2. If-Block
  ELSE
    2. Else-Block
  END IF
ELSE
  1. Else-Block
END IF
nächste Anweisung

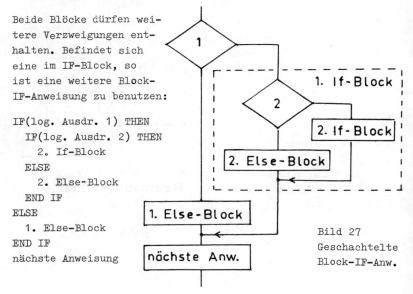

Bild 27
Geschachtelte
Block-IF-Anw.

Besteht der Else-Block aus einer weiteren Verzweigung, so ist
die ELSE-IF-Anweisung zu benutzen, die folgende Form hat

```
IF(log. Ausdr. 1) THEN
   1. If-Block
ELSE IF(log.A. 2) THEN
   2. If-Block
ELSE
   2. Else Block
END IF
nächste Anweisung
```

Der 2. If-Block wird
auch der Else-If-Block
genannt.

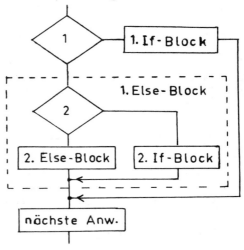

Bild 28   ELSE-IF-Anweisung

Die in den vorstehenden Plänen gezeigten zwei aufeinanderfolgenden Verzweigungen mit je zwei Ausgängen lassen sich oft auf eine Verzweigung mit drei Ausgängen zurückführen. Hierfür gibt es die arithmetische IF-Anweisung

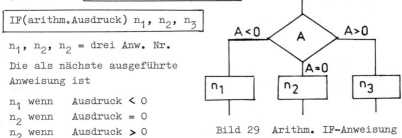

n_1, n_2, n_2 = drei Anw. Nr.

Die als nächste ausgeführte
Anweisung ist

n_1 wenn   Ausdruck < 0
n_2 wenn   Ausdruck = 0
n_2 wenn   Ausdruck > 0

Bild 29   Arithm. IF-Anweisung

Diese drei Anweisungen dürfen an beliebigen Stellen des Programms liegen. Es dürfen auch zwei Nummern übereinstimmen. Mit dieser Anweisungen können also ebenfalls Maschen und Schleifen programmiert werden.

Beispiel 19. Programmieren einer Masche (s. Bild 26, S. 106).
Die drei folgenden Programmausschnitte haben die gleiche Wirkung. Kenner der Programmiersprache BASIC werden die 1. Version, Kenner von PASCAL die 2. Version und Kenner von Basic FORTRAN IV die 3. Version vorziehen.

1. Version	2. Version	3. Version
IF(A .LE. B) GOTO 20	IF(A .LE. B) THEN	IF(B - A) 10, 20, 20
Nein-Folge	Ja-Folge	10 Nein-Folge
GOTO 30	ELSE	GOTO 30
20 Ja-Folge	Nein-Folge	20 Ja-Folge
30 nächste Anweisung	END IF	30 nächste Anweisung
	nächste Anweisung	

Häufige Fehler in der 3. Version sind die Verwechslung von Ja- und Nein-Zweig je nachdem man (B - A) oder (A - B) schreibt, sowie die falsche Zuordnung des Null-Zweiges.

5.7.3 Schleifenanweisung

Diese Anweisung dient zur Realisierung von Zählschleifen (s. S. 45). Sie hat folgende Form

```
DO n    Laufvariable = Anfangswert, Endwert [, Schrittweite]
```

n = Nummer einer Anweisung, die im Programm nach der DO-Anweisung stehen muß
Laufvariable = Variable vom Typ Integer, Real, Double Precision
Anfangswert, Endwert, Schrittweite = arithm. Ausdrücke
Wenn Schrittweite fehlt, hat sie den Wert 1.

Diese Anweisung hat die auf S. 46 ausführlich beschriebene Wirkung: Die Anzahl N der Durchläufe wird mit der auf S. 45 angegebenen Formel berechnet. Beginnend mit dem Anfangswert der Laufvariablen wird die Schleife N mal bis einschließlich der Anw. Nr. n durchlaufen. Nach jedem Durchlauf wird der Wert der Laufvariablen um die Schrittweite geändert. Der Wert der Laufvariablen darf innerhalb der Schleife durch keine eigenen Anweisungen verändert werden. Ihr letzter Wert bleibt nach dem Verlassen der Schleife erhalten. Man beachte, daß beim normalen Verlassen der Schleife dieser Wert nicht mit der des letzten Durchlaufs übereinstimmt. Die Schrittweite wird nochmals addiert (s. Bild 10, S. 46).

Folgende Anweisungen dürfen <u>nicht</u> als Anw.Nr. n auftreten

    DO   IF   ELSE   END IF   FORMAT   RETURN   STOP   END

In diesen Fällen muß die Schleife mit der <u>Leeranweisung</u> | n CONTINUE | abgeschlossen werden. Der Deutlichkeit halber und wegen der damit erzielten Übereinstimmung zu anderen Programmiersprachen empfiehlt es sich, jede DO-Schleife mit CONTINUE abzuschließen. Diese Anweisung hat keine Wirkung.

Die mit der Schleifenanweisung möglichen Strukturen wurden bereits im Abschn. 4 behandelt. Ihre volle Wirksamkeit entfaltet sie erst im Zusammenhang mit den im Abschn. 6.1 behandelten indizierten Variablen. Dort findet man auch die sog. implizite Schleifenanweisung zur Daten E/A.

<u>Beispiel 20. DO-Anweisungen. Logische Variable.</u>

```
      DO 20 I = -5, 10              PROGRAM LOGVAR          A u s g a b e
      X = 10.**I          *
      PRINT*, X                                              X1 X2 X3
 20   CONTINUE                      LOGICAL X1, X2, X3
      END                           PRINT*, 'X1 X2 X3'       F  F  F
                                    PRINT*                   F  F  T
                          *                                  F  T  F
Mit dem linken Pro-                                          F  T  T
gramm wird die auf          DO 10 I = 0, 1                   T  F  F
S. 92 gezeigte Tafel        DO 10 J = 0, 1                   T  F  T
erzeugt. Alle Zahlen        DO 10 K = 0, 1                   T  T  F
werden untereinander        X1 = I .EQ. 1                    T  T  T
gedruckt, weil eine         X2 = J .EQ. 1
E/A Anweisung inner-        X3 = K .EQ. 1
halb einer Schleife         WRITE(*,'(3L3)') X1, X2, X3
bei jedem Durchlauf      10 CONTINUE
wie eine "neue" An-         END
weisung wirkt.
```

Um mehrere Zahlen zeilenweise zu drucken, müßten bereits indizierte Variable verwendet werden.

Das rechte Programm zeigt geschachtelte Schleifen zum Erzeugen sämtlicher Wertekombinationen von drei logischen Variablen.

5.7.4 Verteiler-Anweisung

Sie hat die Form $\boxed{\text{GOTO}(n_1, n_2, \ldots n_j, \ldots) \text{ Integer-Variable}}$

n_j = beliebige Anw.Nr. mit j = 1, 2, ...

Der Integer-Vaiablen muß vor Erreichen dieser Anweisung ein pos. Wert zugewiesen worden sein. Hat sie den Wert j, so wird zur Anw.Nr. n_j verzweigt.

Beispiel: I = 3   Es wird zur Anw.
           GOTO(100, 50, 70, 100) I   Nr. 70 verzweigt.

Siehe auch Beisp. 28, S. 116.

Es gibt noch eine weitere Verteiler-Anweisung mit ähnlicher Wirkung.

5.7.5 Sonstige Steueranweisungen

Diese Anweisungen entsprechen den Grenzstellen im Plan.

Die Leeranweisung $\boxed{\text{CONTINUE}}$ hat keine Wirkung. Sie wurde bereits im Abschn. 5.7.3 benutzt.

Mit der Anweisung $\boxed{\text{STOP [Konstante]}}$ wird die Ausführung eines Hauptprogramms beendet. Genauer: es erfolgt ein Rücksprung in das Betriebssystem. Diese Anweisung darf an mehreren Stellen des Programms vorkommen. Der Wert der wahlfreien Konstanten wird angezeigt. Dadurch kann z.B. beim Testen festgestellt werden, bis zu welcher Stelle die Ausführung erfolgt ist.

Die letzte Anweisung jedes Programms muß $\boxed{\text{END}}$ heißen. Sie darf nur einmal als letzte Anweisung auftreten. Sie hat die gleiche Wirkung wie die STOP-Anweisung und wirkt zusätzlich bei der Übersetzung des Programms als Zeichen für das Programmende.

5.8 BEISPIELE

Nun werden die FORTRAN Programme zu den Beispielen in Abschn. 4.3 gezeigt. Dabei werden aber nur noch Erläuterungen zu FORTRAN Regeln gegeben. Für die Problemstellung und Programmstruktur wird auf Abschn. 4.3 verwiesen. Die Ergebnisse werden nur bei den ersten Beispielen und dann angegeben, wenn sich bei der Ausgabe besondere Probleme ergeben.

Beispiel 21. S̲o̲r̲t̲i̲e̲r̲e̲n̲ v̲o̲n̲ d̲r̲e̲i̲ Z̲a̲h̲l̲e̲n̲. (Plan Beisp. 4, S.55)
Da die Unterprogramme erst in Abschn. 7 behandelt werden, befinden sich in jeder Masche drei Tauschanweisungen.
Siehe auch Beisp. 47, S. 156.

1. Version mit GOTO

```
      PROGRAM SORT1
      READ*, A, B, C
      IF(A .LE. B) GOTO 10
        H = A
        A = B
        B = H
10    IF(A .LE. C) GOTO 20
        H = A
        A = C
        C = H
20    IF(B .LE. C) GOTO 30
        H = B
        B = C
        C = H
30    PRINT*, A, B, C
      END
```

2. Version mit IF THEN

```
      PROGRAM SORT11
      READ*, A, B, C
      IF(A .GT. B) THEN
        H = A
        A = B
        B = H
      END IF
      IF(A .GT. C) THEN
        H = A
        A = C
        C = H
      END IF
      IF(B .GT. C) THEN
        H = B
        B = C
        C = H
      END IF
      PRINT*, A, B, C
      END
```

Beispiel 22. Funktionstafel. (Plan Beisp. 5, S. 56)
Die erste Version zeigt die listengesteuerte Ausgabe. Man beachte die Rundungsfehler. In der zweiten Version wurden nur die Ausgabeanweisungen geändert.

```
      PROGRAM FKT1
*
      PRINT*, '          F U N K T I O N S T A F E L '
      PRINT*
      PRINT*, '      X              X**2              X**3'
      PRINT*
      DO 10  X = 1., 2., 0.1
         Y1 = X*X
         Y2 = Y1 * X
         PRINT*, X, Y1, Y2
   10 CONTINUE
      END
```

F U N K T I O N S T A F E L

X	X**2	X**3
1.000000000000	1.000000000000	1.000000000000
1.099999430000	1.209998130000	1.330996510000
1.199998860000	1.439996720000	1.727993970000
1.299998280000	1.689994810000	2.196990010000
1.399997710000	1.959993360000	2.743986130000
1.499997140000	2.249991420000	3.374979970000
1.599996570000	2.559988980000	4.095973010000
1.699995990000	2.889986040000	4.912963870000
1.799995420000	3.239982600000	5.831953050000
1.899994850000	3.609979630000	6.858942030000
1.999994280000	3.999977110000	7.999931340000

```
* FUNKTIONSTAFEL MIT FORMAT
*
      PROGRAM FKT2
      PRINT*, ' F U N K T I O N S T A F E L '
      PRINT*
      PRINT*, '  X     X**2     X**3'
      PRINT*
      DO 10  X = 1., 2., 0.1
         Y1 = X*X
         Y2 = Y1 * X
         WRITE(*, '(F5.1, 2F9.3)') X, Y1, Y2
   10 CONTINUE
      END
```

F U N K T I O N S T A F E L

X	X**2	X**3
1.0	1.000	1.000
1.1	1.210	1.331
1.2	1.440	1.728
1.3	1.690	2.197
1.4	1.960	2.744
1.5	2.250	3.375
1.6	2.560	4.096
1.7	2.890	4.913
1.8	3.240	5.832
1.9	3.610	6.859
2.0	4.000	8.000

Beispiel 23. Produktsumme.
(Plan Beisp. 6, S. 58).

Die Abfrage auf Datenende
wird in der READ-Anw.
durchgeführt.

Eingabe über Bildschirm:
Anzeige   Eingabe
  ?   3. -2. ENTER
  ?   5.   2. ENTER
  ?   ENTER

Eingabe über Lochkarten
1. LK   3. -2.
2. LK   5.   2.
3. LK   /*

```
*   PRODUKTSUMME 1
*
    PROGRAM SUM1
    DATA SUM, N /0., 0 /
    PRINT*, '     P R O D U K T S U M M E'
    PRINT*
    PRINT*, '     A                B'
    PRINT*
*
10  READ(*,*, END=20) A, B
    PRINT*, A, B
    SUM = SUM + A*B
    N = N + 1
    GOTO 10
20  PRINT*
    PRINT*, 'SUMME = ', SUM, ' N = ', N
    END
```

```
        P R O D U K T S U M M E

           A                B

     3.000000000000  -2.000000000000
     5.000000000000   2.000000000000

     SUMME =  4.000000000000    N =              2
```

Beispiel 24.
Hyperbelfunktionen.
(Plan Beisp. 7, S. 60).

Ein Teil der Ausgabe-
liste befindet sich
auf S. 60.

```
        PROGRAM HYPFKT
*   SCHLEIFE FUER PROGRAMM
        X = 0
        DO 30  I = 1, 10
          WRITE(*,'(''1'')')
          WRITE(*, 100)
100       FORMAT(5X,'X',5X,'SINH(X)',4X,
       1  'COSH(X)',4X,'TANH(X)',4X,'X'/)

*   SCHLEIFE FUER EINE SEITE
          DO 20  J = 1,5
*     SCHLEIFE FUER EINEN BLOCK
            DO 10  K = 1, 10
              Y1 = SINH(X)
              Y2 = COSH(X)
              Y3 = TANH(X)
              WRITE(*, 110) X, Y1, Y2, Y3, X
110           FORMAT(F8.2, 2F10.4, F12.6,F7.2)
              X = X + 0.01
10          CONTINUE
            PRINT*
20        CONTINUE
          WRITE(*,100)
30      CONTINUE
        END
```

Beisp. 25. Nullstelle, s.S. 116

Beisp. 26. Quadratische Gleichung (Plan Beisp. 9, S. 65)
Es werden zwei Lösungen gezeigt, die beide auf dem gleichen
Plan basieren. Es sei dahingestellt, ob das viel gerühmte
Block-IF tatsächlich ein übersichtlicheres Programm ergibt.

```
*   QUADR. GLEICHUNG MIT GOTO
*
      PROGRAM QUAD1
      REAL IMZ
      COMPLEX Z1, Z2
*   UEBERSCHRIFT UND DATENEINGABE
   10 PRINT*
      PRINT*, 'GEBEN SIE DIE KOEFFZ. A, B, C EINER QUADR. GL. EIN.'
      PRINT*, 'A = B = C = 0  BEDEUTET PROGRAMMENDE.'
      PRINT*
      READ*, A, B, C
      PRINT*, 'A = ', A, ' B = ', B, ' C = ', C
*   FALLUNTERSCHEIDUNGEN
      IF((A.EQ.0) .AND. (B.EQ.0) .AND. (C.EQ.0)) GOTO 50
       IF((A.EQ.0) .AND. (B.EQ.0) .AND. (C.NE.0)) GOTO 40
        IF((A.EQ.0) .AND. (B.NE.0)) GOTO 30
*   REELLE LOESUNGEN
      REZ = -B/(2*A)
      RADKND = (B*B-4*A*C)/(4*A*A)
      IMZ = SQRT(ABS(RADKND))
      IF(RADKND .LT. 0) GOTO 20
      X1 = REZ + IMZ
      X2 = REZ - IMZ
      PRINT*, 'REELLE LOESUNGEN  X1 = ',X1, '  X2 = ', X2
      GOTO 10
*   KOMPLEXE LOESUNGEN
   20 Z1 = CMPLX(REZ, IMZ)
      Z2 = CMPLX(REZ, -IMZ)
      PRINT*, 'KOMPLEXE LOESUNGEN Z1 = ', Z1, '  Z2 = ', Z2
      GOTO 10
*   LINEARE LOESUNG
   30 X = -C/B
      PRINT*, 'LINEARE LOESUNG  X = ', X
      GOTO 10
*   WIDERSPRUCH UND ENDE
   40 PRINT*, 'WIDERSPRUCH'
      GOTO 10
   50 PRINT*, 'PROGRAMMENDE'
      END
```

```
GEBEN SIE DIE KOEFFZ. A, B, C EINER QUADR. GL. EIN.
A = B = C = 0  BEDEUTET PROGRAMMENDE.

A =  1.000000000000    B = -1.000000000000    C = -6.000000000000
REELLE LOESUNGEN  X1 =  3.000000000000    X2 = -2.000000000000
```

```fortran
*   QUADR. GLEICHUNG BLOCK-IF
*
      PROGRAM QUAD2
      REAL IMZ
      COMPLEX Z1, Z2
*   UEBERSCHRIFT UND DATENEINGABE
   10 PRINT*
      PRINT*, 'GEBEN SIE DIE KOEFFZ. A, B, C EINER QUADR. GL. EIN.'
      PRINT*, 'A = B = C = 0  BEDEUTET PROGRAMMENDE.'
      PRINT*
      READ*, A, B, C
      PRINT*, 'A = ', A, ' B = ', B, ' C = ', C
*   FALLUNTERSCHEIDUNGEN
      IF((A.EQ.0) .AND. (B.EQ.0) .AND. (C.EQ.0)) GOTO 20
*
      IF((A.EQ.0) .AND. (B.EQ.0) .AND. (C.NE.0)) THEN
        PRINT*, 'WIDERSPRUCH'
      ELSE IF((A.EQ.0) .AND. (B.NE.0)) THEN
        X = -C/B
        PRINT*, 'LINEARE LOESUNG X = ', X
      ELSE
        REZ = -B/(2*A)
        RADKND = (B*B-4*A*C)/(4*A*A)
        IMZ = SQRT(ABS(RADKND))
        IF(RADKND .LT. 0) THEN
*   KOMPLEXE LOESUNGEN
          Z1 = CMPLX(REZ, IMZ)
          Z2 = CMPLX(REZ, -IMZ)
          PRINT*, 'KOMPLEXE LOESUNGEN  Z1 = ', Z1, ' Z2 = ', Z2
        ELSE
*   REELLE LOESUNG
          X1 = REZ + IMZ
          X2 = REZ - IMZ
          PRINT*, 'REELLE LOESUNGEN  X1 = ',X1, ' X2 = ', X2
        END IF
      END IF
      GOTO 10
*
   20 PRINT*, 'PROGRAMMENDE'
      END
```

Beispiel 25. Nullstelle.
(Plan Beisp. 8, S. 62)

```
      PROGRAM NULL
      DATA X1, Y1, X2 /0., -1., 1./
*     BEGINN DER SCHLEIFE
10    X =.5*(X1+X2)
      Y = X*X + EXP(X) - 2.
      IF(ABS(Y) .LE. 1E-6) GOTO 20
      IF(SIGN(1.,Y1) .EQ. SIGN(1.,Y)) THEN
          X1 = X
      ELSE
          X2 = X
      END IF
      GOTO 10
*
20    PRINT*, 'NULLSTELLE = ', X
      END
```

Beispiel 27. Num. Differenz.
(Plan Beisp. 10, S. 66)

```
*     NUM. DIFFERENZIEREN
*
      PROGRAM DIFF
      DATA DXH,AALT /.1, 1./
      READ*, X1
*     BEGINN DER SCHLEIFE
10    DY = SQRT(X1+DXH)-SQRT(X1-DXH)
      ANEU = DY/(2.*DXH)
      EPS = ABS((ANEU-AALT)/ANEU)
      AALT= ANEU
      DXH = 0.5 * DXH
      IF(EPS .GT. 1.E-05) GOTO 10
      PRINT*, 'X1 = ', X1, ' 1.ABL. = ', ANEU
      END
```

Beispiel 28. Flächenmomente von Profilen.
(Plan Beisp. 11, S. 69)

```
      PROGRAM MOM
      REAL I, KLB, KLH
      WRITE(*,100)
100   FORMAT(22X, 'FLAECHENMOMENTE VON PROFILEN'//
     1 10X, 'TYP     GRB     KLB     GRH     KLH     A',
     2 '       D       I'/)
10    READ(*,*, END=70) K,GRB,KLB,GRH,KLH,A,D
      I = 0.0833333 * GRB * GRH**3
      S = 0.0833333 * KLB * KLH**3

      GOTO (60,30,40,50) K
30    I = I - S
      GOTO 60

40    I = I + S
      GOTO 60

50    E1 = (A*GRH**2 + KLB*D**2)/(2.*(A*GRH + KLB*D))
      E2 = GRH - E1
      I = 0.333333 * (GRB*E1**3 - KLB*KLH**3 + A*E2**3)

60    II = NINT(I)
      WRITE(*,120) K,GRB,KLB,GRH,KLH,A,D,II
120   FORMAT(10X, I2, 1X, 6F7.2, I10)
      GOTO 10
70    END
```

Mit den in Abschn. 7 beschriebenen Verfahren kann in Anw. Nr. 10 eine beliebige Funktion F(X) eingesetzt werden. Entsprechendes gilt für Beisp. 25.

Wegen der großen Stellenzahl wird das Moment auf eine Integerzahl gerundet.

```
                  FLAECHENMOMENTE VON PROFILEN

          TYP    GRB    KLB    GRH    KLH     A      D        I

           1    2.00   0.00   5.00   0.00   0.00   0.00         21
           1   99.00   0.00  99.00   0.00   0.00   0.00    8004963
           3   20.00  10.00  50.00  20.00   0.00   0.00     215000
           4   20.00  10.00  50.00  20.00  10.00  10.00     116960
```

5.9 Aufgaben

17. Die folgenden Ausdrücke sind in FORTRAN zu schreiben.

a) $\frac{b}{a}\sqrt{a^2 - b^2}$

b) $\frac{\sqrt[2]{a} + \sqrt[3]{b}}{\sqrt[4]{c}}$

c) $\cfrac{a}{1 + \cfrac{b}{2 + \cfrac{c}{3 + d}}}$

d) $\arctan\left(\frac{\sqrt{1 - x^2}}{x}\right)$

e) $0.5 \ln\left(\frac{1 + x}{1 - x}\right)$

f) $\cfrac{c^2 h}{\lambda^5 \left[\exp\left(\frac{c\,h}{k\,T\,\lambda}\right) - 1\right]}$

g) $A\sqrt{\frac{p_0\,m}{v_0} \cdot \frac{2\,æ}{æ - 1} \left[\left(\frac{p_1}{p_0}\right)^{2/æ} - \left(\frac{p_1}{p_0}\right)^{(æ+1)/æ}\right]}$

18. Für sämtliche Wertekombinationen von x_1 und x_2 sind die z-Werte des folgenden logischen Ausdrucks zu berechnen:

$z = (x_1 \Rightarrow x_2) \Rightarrow (\neg x_2 \Rightarrow \neg x_1)$ Hinweis: s. Beisp. 14, S. 87 und 20, S. 109

19. Für den nebenstehenden Plan schreibe man einen entsprechenden Programmausschnitt wie auf S. 106/107.

20. Welche Werte haben die Variablen I, J, K, L und M nach Verlassen der nachstehenden DO-Schleifen?

```
M = 0
DO 10  I = 1, 10
J = I
DO 10  K = 5, 0, -1
L = K
M = M + 1
10 CONTINUE
```

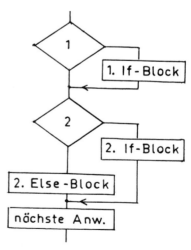

Bild 30
Plan mit Verzweigungen

Für die Aufgaben 11 bis 16 des Abschn. 4.4 sind FORTRAN Programme zu schreiben. Die ausführliche Aufgabenstellung und Hinweise sind jenem Abschnitt zu entnehmen.

21. Größter gemeinsamer Teiler.
22. Binomialkoeffizient.
23. Rechtwinklige in Polarkoordinaten.
24. Stückweise stetige Funktion.
25. Extremwerte einer Funktion.
26. Normalverteilung und Integralfunktion.

27. Für die nachstehend gegebenen FORMAT-Anweisungen und Datenwerte sind passende WRITE-Anweisungen zu schreiben. In welcher Form werden die Daten ausgegeben ? Man beachte blanks und mögliche Fehler.

a) 100 FORMAT(I5, 3F10.5/E10.5)   Daten: 6 mal Zahlenwert 100
b) 110 FORMAT(2F10.5, 2E12.3)   Daten: alle Zehnerpotenzen von 10^{-6} bis 10^6.

28. Es ist ein Programm mit einfachen Variablen zu schreiben, mit dem die Zahlen 10 12 ... 36 38 erzeugt und in der folgenden Form ausgegeben werden. Die Angabe der Druckstelle bezieht sich auf die Einerstelle der Zahl.

```
Druckstelle Nr.    5   10   15   20   25

                  10   12   14   16   18
                  20   22   24   26   28
                  30   32   34   36   38
```

6 BEREICHE. TEXTVERARBEITUNG

6.1 BEREICHE

Bei den bisher benutzten einfachen Variablen erhält jede Speicherzelle einen anderen Variablennamen. Es gibt nun viele Probleme, die sich mit dieser Regel nur sehr umständlich, oder überhaupt nicht lösen lassen. Dazu gehören z.B. die Ein- und Ausgabe größerer Datenmengen oder alle mathematischen Probleme, bei denen mit Indizes gerechnet wird, wie z.B. in der linearen Algebra.

> Definition: Ein Bereich[1] (array) ist eine Menge von Zahlen, die unter einem gemeinsamen Namen, dem Bereichsnamen, zusammengefaßt werden. Ein Element dieser Menge heißt eine indizierte Variable. Sie besteht aus dem Bereichsnamen und einem Klammerpaar, das einen oder mehrere durch Kommata getrennte Indizes enthält.
>
> Ein Bereich mit einem Index wird in der Mathematik oft als Vektor, in der kaufmännischen DV als Liste; ein Bereich mit zwei Indizes als Matrix bezw. als Tabelle bezeichnet.

Beispiel: A(1, 2)   B(I, K)   sind indizierte Variable

Bereiche müssen am Programmanfang durch eine Spezifikationsanweisung vereinbart werden. Dies geschieht in folgender Form

| Schlüsselwort   Liste von Bereichsnamen |

Schlüsselwort = DIMENSION oder INTEGER oder REAL oder DOUBLE PRECISION oder COMPLEX oder CHARACTER oder LOGICAL oder COMMON

Das Schlüsselwort DIMENSION wird benutzt, wenn kein anderes gebraucht wird (also nur, wenn die implizite Typvereinbarung

---

[1] In der deutschen Literatur wird statt "Bereich" oft der Begriff "Feld" gebraucht. Das kann aber zu Verwechslungen mit einem Feld (field) eines Datensatzes führen (s.S. 94).

benutzt wird). Die folgenden Schlüsselworte dienen zusätzlich zur Typvereinbarung (s. Abschn. 5.2). Das Wort COMMON wird in Abschn. 7.4 erklärt.

Die <u>Liste von Bereichsnamen</u> hat folgende Form

    Bereichsname($[i_{min}:] i_{max}, [j_{min}:] j_{max}, ...$), ...

Bereichsname = Name gemäß der Regeln auf S. 77. Insbesondere darf ein Bereichsname im gleichen Programm nicht als Name einer einfachen Variablen benutzt werden.

i, j ... = Integerkonstante. Sie bedeuten die untere bezw. die obere Grenze des jeweiligen Index. Es sind bis zu 7 Indizes zulässig. Wenn die untere Grenze fehlt, wird sie 1 gesetzt.

Die Grenzen dürfen die Werte Null oder kleiner als Null annehmen. Konstantennamen sind zulässig. Zusätzliche Regeln für UP'e folgen in Abschn. 7.

Durch die Spezifikationsanweisung wird für die Bereiche Speicherplatz reserviert. Dabei ergibt sich die Schwierigkeit, daß man die zu vereinbarenden Indexgrenzen, kurz die maximalen Grenzen genannt, bereits beim Schreiben des Programmes kennen muß. Weil diese Grenzen als Konstante anzugeben sind, ist es also nicht möglich, sie erst bei der Ausführung des Programms einzulesen und so dem jeweiligen Problem anzupassen. Diese sog. <u>dynamische Dimensionierung</u> ist nur bei UP'en möglich, verlagert aber das Problem nur ins HP. Einen gewissen Ausweg aus dieser Schwierigkeit bietet die PARAMETER-Anweisung (s.S. 93). Aber auch bei ihrer Benutzung müssen die maximalen Grenzen beim Schreiben des Programms geschätzt werden. Ein zu großer Schätzwert ruft im allg. keinen Fehler hervor (man verschenkt allerdings Speicherplatz). Werden hingegen die maximalen Grenzen bei der Ausführung des Programms überschritten, ergibt dies stets einen Fehler, der nur bei manchen Rechnern automatisch angezeigt wird. Beispiel: PARAMETER(M = 20, N = 10)
                                          REAL VEKTOR(3), MATRIX(M, N)
                                          CHARACTER * 20   NAME(0:99)

Es werden ein Vektor mit drei Komponenten (ein Index !), eine Matrix mit 20 Zeilen und 10 Spalten sowie ein Bereich für 100 Namen zu je 20 Zeichen vereinbart.

Nachdem die Reservierung der Speicherzellen erfolgt ist, dürfen im weiteren Verlauf des Programms die tatsächlichen Indexgrenzen (kleiner oder gleich den maximalen Grenzen) eingelesen werden und insbesondere dürfen

| die Indizes der Variablen ganzzahlige arithm. Ausdrücke

sein. Sehr häufig stehen sie in Zusammenhang mit der Laufvariablen von DO-Anweisungen (Abschn. 5.7.3).

Beispiel 29. P_ro_d_u_k_t_s_u_m_m_e___m_i_t
B_e_r_e_i_c_h. Das nebenstehende Programm unterscheidet sich formal kaum von dem des Beisp. 23, S. 113. Hier stehen aber am Programmende alle Werte a_i, b_i für weitere Rechnungen zur Verfügung. Man beachte die Anw. Nr. 20. In der Programmbeschreibung wäre zu erwähnen, daß maximal 100 Wertepaare eingelesen werden dürfen.

```
PROGRAM SUM2
DIMENSION A(100), B(100)
S = 0.

DO 10 I = 1, 100
READ(*,*, END = 20) A(I), B(I)
S = S + A(I) * B(I)
10 CONTINUE
        *
20 I = I - 1
PRINT*, 'SUMME = ', S, ' N = ', I
END
```

Anordnung der Elemente im Speicher

Für manche fortgeschrittenere Anwendungen ist es nützlich, diese Anordnung zu kennen. Jeder Bereich mit mehreren Indizes muß als eindimensionale Folge gespeichert werden. Die Elemente dieser Folge sind so geordnet, daß bei den Elementen des ursprünglichen Bereiches zunächst der 1. Index alle in der Spezifikationsanweisung vereinbarten Werte durchläuft. Dann wird der 2. Index um Eins erhöht und die Werte des 1. Index werden wieder von vorn durchlaufen. Dies wird fortgesetzt, bis alle Indizes die Maximalwerte erreicht haben. Dies bedeutet z.B. bei Matrizen, daß sie spaltenweise gespeichert werden. Mit Hilfe der sog. Speicherabbildungsfunktion kann der Index L eines Elementes B(L) der eindimensionalen Folge aus den ursprünglichen Indizes berechnet werden. Für den einfachen Fall einer Matrix mit $i_{min} = k_{min} = 1$ und $i_{max} = M$ (Zeilen), $k_{max} = N$ (Spalten) lautet diese Funktion

für die Elemente B(L) und A(I,K)   L = I + (K -1) * M
Man beachte, daß N in dieser Formel nicht vorkommt.

Ein- und Ausgabe von Bereichen

Eine scheinbar einfache Regel lautet:

> In den E/A Listen brauchen nur die Bereichsnamen angegeben werden. Damit wird der gesamte Bereich übertragen.

Dabei ist aber zu beachten, daß die im vorstehenden Absatz beschriebene Reihenfolge der Elemente gewählt wird. Insbesondere zum zeilenweisen Drucken von Matrizen kann diese einfache Form also nicht benutzt werden. Sie wird vorwiegend bei der in Abschn. 8 geschilderten Dateiverarbeitung verwendet. Für die bei Matrizen übliche zeilenweise E/A müssen die Indizes in der E/A Anweisung angegeben werden. Hierfür gibt es eine Spezialform der Schleifenanweisung (Abschn. 5.7.3), die _implizite Schleifenanweisung_. Für einen Bereich mit einem Index hat sie folgende allgemeine Form

```
(Bereichsname(Laufvariable), Laufvariable = Anfangswert,
                             Endwert [, Schrittweite] )
```

Diese Begriffe haben die gleiche Bedeutung wie in der allgemeinen Schleifenanweisung. Die implizite Schleifenanweisung, oft kurz die DO-Liste genannt, darf als Element einer E/A-Liste und der Variablenliste der DATA-Anweisung auftreten. Bei mehr als einem Index wird geschachtelt, die Regel lautet: in der Form für einen Index darf anstelle Bereichsname(Laufvariable) wieder eine DO-Liste stehen. Für einen Bereich mit zwei Indizes lautet die Anweisung z.B.

$$((A(I,K), K = 1, KMAX), I = 1, IMAX)$$

Die Wirkung dieser Anweisung entspricht nur in erster Näherung der einer allgemeinen Schleifenanweisung. Es müssen Prioritäten gesetzt werden. Leider sind diese nicht genormt. Bei der hier benutzten Rechenanlage gelten folgende _Regeln für die Priori-_

tät des Beginn eines neuen Satzes (1. ist die höchste):

1. Beginn einer E/A Anweisung. Auch bei Wiederholung innerhalb einer DO-Schleife.
2. Formatliste
3. Implizite Schleifenanweisung.

Beispiel 30. Ausgabe von Bereichen.

```
    Programmausschnitt              W i r k u n g
    DO 10 I = 1, 5                  Wegen Regel 1. werden die 5
 10 WRITE(*,'(5F10.5)') A(I)        Zahlen untereinander gedruckt.

    WRITE(*,'(3F10.5)') (A(I),I=1,6)   Wegen Regel 2 werden
                                    2 Zeilen zu je 3 Zahlen ausgegeben.

    WRITE(*,'(10F8.2)') (A(I), B(I), I = 1, 10)
                        A(1)  B(1)  A(2)  B(2)  .... A(5)  B(5)
                        A(6)  B(6)  A(7)  B(7)  .... A(10) B(10)

    WRITE(*,'(10F8.2)') (A(I), I=1,10), (B(I), I=1,10)
                        A(1)  A(2)  A(3)  A(4)  .....A(9)  A(10)
                        B(1)  B(2)  B(3)  B(4)  .... B(9)  B(10)

    DO 20 I = 1, M                  Wegen Regel 1 werden alle
     DO 20 K = 1, N                 Zahlen "zeilenweise" unter-
      WRITE(*,'(10F8.2)') A(I,K)    einander gedruckt:  A(1,1)
 20 CONTINUE                                            A(1,2)
                                                         ....
    WRITE(*,'(10F8.2)') ((A(I,K), K=1,N), I=1,M)
                                    Wegen Regel 2 werden Zeilen
                                    zu je 10 Zahlen ausgegeben.

    DO 30 I = 1, M                  Dies ist die gewünschte Lö-
      WRITE(*,'(10F8.2)') (A(I,K), K=1,N)   sung. Es werden
 30 CONTINUE                        m Zeilen mit je n ≤ 10 Zahlen
                                    ausgegeben. Wenn n > 10, wird
                                    eine neue Zeile angefangen.
```

Nun folgen noch einige allgemeine Beispiele. Ein wesentlicher Lösungsschritt bei entsprechenden Aufgaben ist die - im hiesigen Zusammenhang scheinbar selbstverständliche - Erkenntnis, daß man mit Bereichen zu arbeiten hat.

Beispiel 31. Horner-Schema.

Es ist eine Tafel einer ganzen rationalen Funktion

$$y = a_0 + a_1 x + a_2 x^2 + \ldots + a_n x^n \quad \text{mit } n \leq 20$$

und ihrer 1. Ableitung zu berechnen und zu drucken. Eingegeben wird: Anfangswert x_{min}, Endwert x_{max}, Schrittweite Δx, der Grad n des Polynoms sowie die Koeffizienten in aufsteigender Folge. Die gewünschte Form der Ausgabe ergibt sich aus der folgenden Tafel:

TAFEL EINER GANZEN RATIONALEN FUNKTION

KOEFFIZIENTEN IN AUFSTEIGENDER FOLGE

   6.00000   -5.00000   -2.00000   1.00000

X	Y	1.ABL.
-3.00000	-24.00000	34.00000
-2.50000	-9.62500	23.75000
-2.00000	0.00000	15.00000
-1.50000	5.62500	7.75000
-1.00000	8.00000	2.00000
-0.50000	7.87500	-2.25000
0.00000	6.00000	-5.00000
0.50000	3.12500	-6.25000
1.00000	0.00000	-6.00000

Das Horner-Schema zur Berechnung des Funktionswertes y_1 und der 1. Ableitung y_1' an der Stelle x_1 lautet in der üblichen Form [4]

$$
\begin{array}{cccccc}
a_n & a_{n-1} & a_{n-2} & \cdots & a_1 & a_0 \\
 & x_1\, p_n & x_1\, p_{n-1} & \cdots & x_1\, p_2 & x_1\, p_1 \\
\hline
p_n & p_{n-1} & p_{n-2} & \cdots & p_1 & p_0 = y_1 \\
 & x_1\, \text{abl}_n & x_1\, \text{abl}_{n-1} & \cdots & x_1\, \text{abl}_2 & \\
\hline
\text{abl}_n & \text{abl}_{n-1} & \text{abl}_{n-2} & & \text{abl}_1 = y_1' &
\end{array}
$$

Für die p_i-Werte unter dem 1. Strich ergibt sich daraus das Bildungsgesetz

$$p_i = a_i + x_i\, p_{i+1} \quad \text{mit } i = n-1,\ n-2,\ \ldots\ 0$$

Daraus ergibt sich als "zentrale Anweisung" des Programms (s. S. 50) die Schleife DO 10. Der erste Wert $p_n = a_n$ muß außerhalb dieser Schleife gesetzt werden.

Entsprechend könnte man für die abl_i-Werte unter dem 1. Strich ebenfalls einen Bereich vorsehen. Eine genauere Analyse zeigt aber, daß dies nicht notwendig ist, weil diese Werte im Unterschied zu den p_i-Werten anschließend nicht mehr benötigt werden. Es können also alle Werte nacheinander in einer Zelle ABL gespeichert werden. Hieraus erhält man die Schleife DO 20.

Um diesen Kern baut sich der Rest des Programms relativ einfach auf. Die Schleife DO 30 liefert sämtliche Tafelwerte. Der fast gleichlange erste Teil bewirkt "nur" die Dateneingabe und den Druck des Tafelkopfes. In der READ-Anweisung wird N eingelesen und dann sofort als obere Grenze der impliziten Schleifenanweisung benutzt.

Die außerdem erforderliche Benutzeranleitung wurde aus Platzgründen weggelassen.

```
      PROGRAM HORN
      DIMENSION A(0:20), P(0:20)
*     UEBERSCHRIFT UND KOEFFIZIENTEN
      WRITE(*,100)
  100 FORMAT('1', 12X, 'TAFEL EINER GANZEN ',
     1 'RATIONALEN FUNKTION'//
     2 14X,'KOEFFIZIENTEN IN AUFSTEIGENDER FOLGE'/)
      READ*, N, XMIN, XMAX, DX, (A(I), I = 0,N)
      WRITE(*,120) (A(I), I = 0,N)
  120 FORMAT((7X, 4F12.5)//)
      WRITE(*,130)
  130 FORMAT(20X, 'X', 10X, 'Y', 7X, '1.ABL.'/)

*     HORNER SCHEMA
      P(N) = A(N)
      DO 30  X = XMIN, XMAX, DX
      DO 10  I = N-1, 0, -1
      P(I) = A(I) + X * P(I+1)
   10 CONTINUE
      ABL = A(N)
      DO 20  J = N-1, 1, -1
      ABL = P(J) + X * ABL
   20 CONTINUE
*     DRUCKEN
      WRITE(*,140) X, P(0), ABL
  140    FORMAT(15X, 3F10.5)
   30 CONTINUE
      END
```

Das folgende Beispiel zeigt eine häufige Aufgabe: das Berechnen und Drucken einer Funktion von zwei unabhängigen Variablen. Bei kleinen Tabellen empfiehlt sich das hier gezeigte Verfahren, die Funktionswerte zeilenweise zu berechnen und zu drucken. Bei umfangreichen Tafeln ist es mit einer Rechenanlage zweckmäßiger, zunächst die gesamte Matrix zu berechnen und anschliessend zu drucken (s. Aufg. 34, S. 144). Im Mehrprogrammbetrieb (s. Abschn. 2.3) kann dann während des Druckens bereits das nächste Programm bearbeitet werden.

Beispiel 32. Metergewicht_von_Stahlrohr.
Für das Gewicht G eines Stahlrohrs von 1 m Länge gilt die folgende Zahlenwertgleichung

$G(s, d) = 0.2422 \; s \; (d - s)$
  wenn $s < d/2$

G Gewicht in N
s Wandstärke in mm
d Außendurchmesser in mm

Für die Wertebereiche

$2 \text{ mm} \leq s \leq 10 \text{ mm} \quad \Delta s = 2 \text{ mm}$

$10 \text{ mm} \leq d \leq 100 \text{ mm} \quad \Delta d = 10 \text{ mm}$

ist eine Tafel der nachstehenden Form zu berechnen und zu drucken.

METERGEWICHT VON STAHLROHR IN N

S/MM	2.00	4.00	6.00	8.00	10.00
D/MM					
10.00	3.88	5.81			
20.00	8.72	15.50	20.34	23.25	
30.00	13.56	25.19	34.88	42.63	48.44
40.00	18.41	34.88	49.41	62.00	72.66
50.00	23.25	44.56	63.94	81.38	96.88
60.00	28.10	54.25	78.47	100.76	121.10
70.00	32.94	63.94	93.00	120.13	145.32
80.00	37.78	73.63	107.54	139.51	169.54
90.00	42.63	83.32	122.07	158.88	193.76
100.00	47.47	93.00	136.60	178.26	217.98

Auch bei diesem Programm empfiehlt sich die bottom-up Methode. Die zentrale Anweisung ist die gegebene Gleichung zum Berechnen des Gewichts. Da die G_k-Werte einer Zeile zusammen gedruckt werden, wird hierfür ein Bereich vereinbart. Auch für die s_k Werte ist ein Bereich zweckmäßig, weil sie sich in jeder Zeile wiederholen. Der d-Wert hingegen ist für jede Zeile konstant, deshalb genügt eine einfache Variable. So gelangt man zur Anweisung G(K) = . Mit der davor stehenden IF-Anweisung wird die Nebenbedingung geprüft. Bei "ja" wird aus der Schleife für eine Zeile herausgesprungen und mit der impliziten Schleifenanweisung nur die "tatsächlichen" G-Werte gedruckt.

Am Beginn der Schleife DO 40 werden die d-Werte aus dem Schleifenindex berechnet. Dies liefert exakte Werte. Entsprechendes geschieht am Beginn der Schleife DO 10 für die s_i-Werte.

```
      PROGRAM GEW
      DIMENSION S(5), G(5)
*     SCHREIBEN DER UEBERSCHRIFT
      DO 10 I = 1, 5
   10 S(I) = 2 * I
      WRITE(*, 100) (S(I), I = 1, 5)
  100 FORMAT('1', 18X, 'METERGEWICHT ',
     1 'VON STAHLROHR IN N' //
     2 7X, 'S/MM', 5F10.2 / 7X, 'D/MM')
*     SCHLEIFE FUER DAS PROGRAMM
      DO 40 J = 1, 10
      D = 10 * J
*
*     SCHLEIFE FUER EINE ZEILE
      DO 20 K = 1, 5
      IF(S(K) .GE. .5 * D) GOTO 30
      G(K) = 0.2422 * S(K) * (D - S(K))
   20 CONTINUE
   30 K = K - 1
      WRITE(*, 110) D, (G(I), I = 1, K)
  110 FORMAT(1X, 6F10.2)
   40 CONTINUE
      END
```

Beispiel 33. Sortieren von n Zahlen.
Für dieses z.B. in der Statistik häufige Problem wird hier eine verhältnismäßig anschauliche Lösung gezeigt, die allerdings nicht optimal ist. In Aufg. 33, S. 143 wird eine andere Lösung des Sortierproblems behandelt.

Wie in Beisp. 4, S. 55 ausgeführt wurde, ist die dort gezeigte Programmstruktur für größere Werte von n nicht brauchbar, es müssen indizierte Variable benutzt werden. Der Grundgedanke des folgenden Programms ist der gleiche wie in jenem Beispiel und aus Bild 31, S. 128 ersichtlich.

Die hier benutzte manuelle Dateneingabe ist unrealistisch. In der Praxis befinden sich derartige Daten auf einer externen Datei, siehe Aufg. 46. S. 178.

1. Durchgang

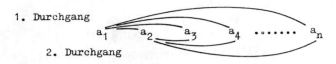

2. Durchgang

Zunächst wird der Inhalt der Zelle a_1 mit allen anderen verglichen und bei Bedarf getauscht. Nach diesem sog. 1. Durchgang steht in der Zelle a_1 die kleinste Zahl. Nun wird das gleiche mit der Zelle a_2 wiederholt, usw.

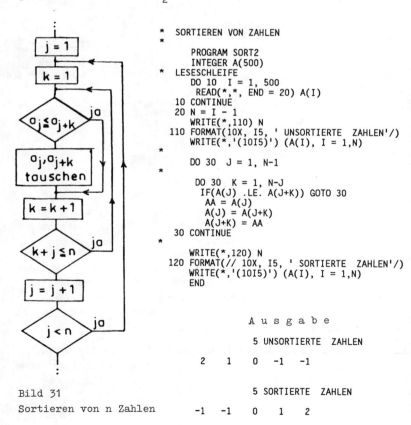

```
*   SORTIEREN VON ZAHLEN
*
        PROGRAM SORT2
        INTEGER A(500)
*   LESESCHLEIFE
        DO 10  I = 1, 500
          READ(*,*, END = 20) A(I)
     10 CONTINUE
     20 N = I - 1
        WRITE(*,110) N
    110 FORMAT(10X, I5, ' UNSORTIERTE ZAHLEN'/)
        WRITE(*,'(10I5)') (A(I), I = 1,N)
*
        DO 30  J = 1, N-1
*
        DO 30  K = 1, N-J
          IF(A(J) .LE. A(J+K)) GOTO 30
          AA = A(J)
          A(J) = A(J+K)
          A(J+K) = AA
     30 CONTINUE
*
        WRITE(*,120) N
    120 FORMAT(// 10X, I5, ' SORTIERTE  ZAHLEN'/)
        WRITE(*,'(10I5)') (A(I), I = 1,N)
        END
```

Bild 31
Sortieren von n Zahlen

Ausgabe

5 UNSORTIERTE ZAHLEN

    2   1   0   -1   -1

5 SORTIERTE ZAHLEN

   -1   -1   0   1   2

Wie der Plan in Bild 31 zeigt, kann dieser Gedanke durch Schachteln zweier Schleifen realisiert werden. Der Deutlichkeit halber werden sie mit Verzweigungen dargestellt. Die Variation des Index k der inneren Schleife entspricht den Abfragen eines Durchgangs, die Variation des Index j der äußeren Schleife den verschiedenen Durchgängen. Die innere Schleife muß auf "kleiner oder gleich" abgefragt werden, die äußere auf "kleiner als".

Weil die a_i-Werte im Programm einen Bereich bilden, ist es zweckmäßig, die Schleifenanweisung zu benutzen. Die äußere Schleife läuft von j = 1 bis n-1. Für die innere Schleife ergibt sich für den Endwert k_{max} der Laufvariablen

$$\text{aus} \quad j + k \leq n \qquad k_{max} = n - j$$

Beispiel 34. Matrizenmultiplikation. C = A B
Die Produktmatrix C kann nur gebildet werden, wenn die Spaltenzahl n_A der Matrix A gleich der Zeilenzahl m_B der Matrix B ist. Diese Voraussetzung wird hier nicht geprüft. Die Matrix C hat m_A Zeilen und n_B Spalten. Ein Element c_{ik} ist das skalare Produkt der i-ten Zeile von A mit der k-ten Spalte von B

$$c_{ik} = \sum_{j=1}^{n_A} a_{ij} b_{jk}$$

Daraus erhält man den nebenstehenden Programmausschnitt. Mit der innersten Schleife mit dem Index J wird jeweils ein Element C(I,K) berechnet.

Mit der mittleren Schleife mit dem Index K wird jeweils eine Zeile der Produktmatrix gebildet. Würden die mittlere und die äußere DO-Anweisung vertauscht, so würde die Produktmatrix spaltenweise berechnet werden. Ein vollständiges Programm findet sich in Beisp. 49, S. 158.

```
      DO 10  I = 1, MA
      DO 10  K = 1, NB
      C(I,K) = 0.
      DO 10  J = 1, NA
      C(I,K) = C(I,K)+A(I,J)*B(J,K)
   10 CONTINUE
```

6.2 TEXTVERARBEITUNG

Text besteht aus Zeichenketten (strings) und ist durch den Datentyp Character darzustellen (s.Abschn. 5.2). Die Verschlüsselung erfolgt bei der hier benutzten RA im EBCDI-Code (s. Anhang). Bei der listengesteuerten Eingabe sind Textkonstanten in Apostrophe zu setzen, die nicht zur Konstanten zählen. Die listengesteuerte Ausgabe erfolgt linksbündig, ebenfalls ohne Apostrophe. Zum A-Format s. S. 100.

Mit den folgenden Operationen und Funktionen können Textgrößen manipuliert werden.

> Definition: Eine Teilkette ist eine Teilmenge aufeinanderfolgender Zeichen einer Kette.

Eine Teilkette, die das m-te bis einschließlich n-te Zeichen enthält, wird in der nebenstehenden Form geschrieben

$$\text{Name}(m : n)$$

Name = Name einer Textvariablen
m, n = pos. Integerausdrücke. Bei m = n besteht die Teilkette nur aus einem Zeichen.

> Definition: Ein Textausdruck besteht aus einer oder mehreren mit dem Zeichen // verknüpften Textkonstanten, -variablen, Teilketten oder Aufrufen von Textfunktionen.

In einer Zuordnungsanweisung wird ein Textausdruck linksbündig übertragen. Die Variable auf der linken Seite der Anweisung wird im Standardformat mit der in der Character-Anw. angegebenen Länge ausgegeben. Wenn sie kleiner ist als die des Ausdrucks, gehen die am weitesten rechts stehenden Zeichen verloren. Siehe auch S. 100 unten.

Beispiel 35. Textausdrücke.

```
CHARACTER*10 VORN, NACHN, TEXT*30              A u s g a b e
VORN = 'WOLFGANG'
NACHN = 'MUELLER'
TEXT = VORN//NACHN//' 11.12.25'
PRINT*, TEXT                              WOLFGANG  MUELLER    11.12.25
PRINT*, TEXT(1:4)                         WOLF
TEXT(1:8) = 'HANS    '
PRINT*, TEXT                              HANS      MUELLER    11.12.25
END
```

Bei <u>indizierten Variablen</u> sind direkt nach dem Namen die Klammern für die Indizes und anschließend die Längenangabe oder die Klammern für die Teilketten zu schreiben.

Beispiel 36. Textanalyse

Mit dem nebenstehenden Programmausschnitt wird aus einem aus 20 Zeilen zu je 80 Zeichen bestehendem Text der Reihe nach jedes einzelne Zeichen in der Variablen ZEICH(K) gespeichert und kann von dort weiter verarbeitet werden. Z.B. kann die Häufigkeit der einzelnen Zeichen gezählt werden.

```
      CHARACTER ZEILE(20)*80, ZEICH(80)*1
*     EINLESEN DER DATEN
      .......
      DO 10  I = 1,20
        DO 10  K = 1, 80
          ZEICH(K) = ZEILE(I)(K:K)
*         WEITERE VERARBEITUNG DES ZEICHENS
   10 CONTINUE
```

Es stehen folgende <u>Funktionen</u> zur Verfügung:

N a m e	W i r k u n g
LEN(Textausdruck)	Die Anzahl der Zeichen des Ausdrucks wird festgestellt. Die Länge von Variablen ist stets die in der Character-Anweisung vereinbarte. Wenn z.B. festgestellt werden soll, ab welcher Stelle die Variable blanks enthält, kann dies mit der folgenden Funktion geschehen.
INDEX(Ausdr1, Ausdr2)	Wenn Ausdr2 eine Teilkette von Ausdr1 ist, wird angegeben, an welcher Stelle des Ausdr1 das 1. Zeichen des Ausdr2 steht. Andernfalls ist INDEX = 0

Beispiel:
K = INDEX('URWALD', 'WALD') liefert K = 3

Die beiden folgenden Funktionen beziehen sich auf die interne Codierung der Zeichen. Das jedem Zeichen entsprechende Binärmuster wird als Dualzahl interpretiert. Diese Zahl wird als die "Position des Zeichens innerhalb der Sortierfolge" bezeichnet. Diese Position im Dezimalsystem ist der Funktionswert bezw. das Argument der beiden folgenden Funktionen.

Beispiel: Im EBCDI-Code ist $\quad 'A' = (1100\ 0001)_2 = (193)_{10}$
$\qquad\qquad\qquad\qquad\qquad '1' = (1111\ 0001)_2 = (241)_{10}$

Man sagt kurz: A hat die Position 193 und 1 hat die Position 241.

Funktion	Wirkung
ICHAR(text) text = Textausdruck, der aus einem Zeichen besteht	Es wird die Position des Zeichens ermittelt.
CHAR(zahl) zahl = numerischer Ausdruck, der eine Position angibt	Es wird das zu dieser Position gehörige Zeichen ermittelt.

Mit diesen beiden Funktionen können Codeumwandlungen programmiert werden.

Beispiel: N = ICHAR(Z) - 240   Wenn Z eine Ziffer im EBCDI-Code ist (ein Zeichen), dann wird in der Zelle N diese Ziffer als Integerzahl gespeichert.

Die in Abschn. 5.3.2 behandelten <u>Vergleichsoperatoren</u> können auch bei Textausdrücken benutzt werden. Im Prinzip wird jeder Textausdruck als Dualzahl interpretiert. Damit können sie z.B. in entsprechender Weise alphabetisch sortiert werden wie Zahlen (s. Beisp. 33, S. 127). Dazu ist es im allg. erforderlich, daß sie linksbündig gespeichert sind.

Beispiel: LOGICAL L1, L2
    L1 = 'ANTON' .LT. 'KARL '   liefert L1 = T
    L2 = 'ANTON' .LT. ' KARL'   liefert L2 = F

wegen des blanks am Anfang von ' KARL'. Blank hat die Position 64, A die Position 193.

Interne Dateien

Mit dem Steuerparameter UNIT der READ/WRITE Anweisung kann eine interne Datei angesprochen werden (Abschn. 5.6.2). Name und Inhalt einer internen Datei sind vom Typ Character. Ist der Name eine Variable, so besteht die Datei aus einem Satz, dessen Länge gleich der Länge dieser Variablen ist. Ist der Dateiname ein Bereichsname, so bildet jedes Element des Bereiches einen Satz. Alle Sätze müssen die gleiche Länge haben.

Interne Dateien können nur sequentiell und formatiert verarbeitet werden. Der Formatbezeichner bezieht sich auf die E/A Liste, die in diesem Fall die Funktion der externen Datei übernimmt.

Diese Dateien bieten eine weitere Möglichkeit der Umcodierung.

Beispiel 37. Schreiben und Lesen einer internen Datei
Die links stehenden Anweisungen haben die gleiche Wirkung wie die rechts stehenden unzulässigen Anweisungen.

CHARACTER STRING * 6
WRITE(STRING, '(I6)') N   STRING = N
                             Eine maximal 6-stellige Integerzahl wird rechtsbündig (!) in der Datei STRING als Zeichenfolge gespeichert.

READ(STRING, '(I6)') N   N = STRING
                             Die Zeichenfolge in STRING wird als Integerzahl in N gespeichert.

Beispiel 38. Farbcode für elektrische Widerstände.

	Ziffer	Farbe
Der Zahlenwert eines elektrischen Widerstandes kann nach DIN 41 429 durch folgenden Code dargestellt werden (in vereinfachter Form, ohne Toleranzangabe). Der Zahlenwert muß aus zwei Ziffern, gefolgt von 0 bis 6 Nullen bestehen. Jede der beiden Ziffern und die Anzahl der Nullen wird durch eine der nebenstehenden Farben dargestellt.	0 1 2 3 4 5 6 7 8 9	schwarz braun rot orange gelb grün blau violett grau weiß

```
      PROGRAM FARB1
      CHARACTER FARB(0:9)*7, DREI(3)*7, STRING*8, ZEICH(8)*1
      INTEGER ZIFF(3), R
      DATA FARB /'SCHWARZ','BRAUN','ROT','ORANGE','GELB',
*    1           'GRUEN','BLAU','VIOLETT','GRAU','WEISS' /

      PRINT*
      PRINT*, 'EINEN WIDERSTANDSWERT EINGEBEN.'
      PRINT*, 'ZWEI ZIFFERN, GEFOLGT VON MAX. 6 NULLEN.'
      PRINT*
   10 READ(*, *, END = 60) R
*   ZERLEGEN DER ZAHL IN ZIFFERN
      WRITE(STRING, '(I8)') R
*   R WIRD RECHTSBUENDIG GESPEICHERT
      DO 20 I = 1, 8
   20 ZEICH(I) = STRING(I:I)
```

Das nebenstehende Programm ermittelt aus einem eingegebenen Widerstandswert die entsprechenden Farben
(s. auch Aufg. 37, S. 144).

```
      DO 30 I = 1, 8
         IF(ZEICH(I) .NE. ' ') GOTO 40
   30 CONTINUE
    * UMCODIEREN
   40 READ(ZEICH(I), 100) ZIFF(1)
      READ(ZEICH(I+1), 100) ZIFF(2)
  100 FORMAT(I1)
      ZIFF(3) = 8 - (I+1)
    * ZUORDNUNG
      DO 50 I = 1, 3
         K = ZIFF(I)
         DREI(I) = FARB(K)
   50 CONTINUE
      WRITE(*, 110) R, DREI
  110 FORMAT(I8, ' OHM ENTSPRICHT ', 3A8)
      GOTO 10
   60 END
```

Der eingegebene Wert wird in die interne Datei STRING übertragen. Mit DO 20 wird diese in 8 Zeichen zerlegt. Mit DO 30 wird die Lage des 1. Zeichens festgestellt, das kein blank ist. Nun erfolgt die Umwandlung in Integer-Ziffern. Die Schleife DO 50 beinhaltet einen bei der Text- und Dateiverarbeitung häufigen "Programmiertrick", den man sich einprägen sollte. Die Ziffern einer Zahl werden zu Indizes eines Bereiches (hier Farbe). Dadurch wird die richtige Farbe gefunden. Die Ausgabe hat folgende Form:

```
EINEN WIDERSTANDSWERT EINGEBEN.
ZWEI ZIFFERN, GEFOLGT VON MAX. 6 NULLEN.

   2500 OHM ENTSPRICHT    ROT      GRUEN    ROT
     60 OHM ENTSPRICHT    BLAU     SCHWARZ  SCHWARZ
   1000 OHM ENTSPRICHT    BRAUN    SCHWARZ  ROT
```

Das folgende Beispiel zeigt die Benutzung einer internen Datei als sog. <u>Pufferspeicher</u>. Dieser kann z.B. dazu dienen, eine Reihe von eingelesenen Sätzen, die verschiedene Formate haben und unterschiedlich verarbeitet werden müssen, der richtigen Verarbeitung zuzuführen. Derartige Sätze werden im allg. nicht manuell eingegeben, sondern befinden sich als Datei auf einem externen Speicher (s. Beisp. 12, S. 71). Da das Format eines Satzes beim Einlesen nicht bekannt ist, wird er zunächst als Textvariable behandelt. Das erste Zeichen ist eine Kennziffer (bei Lochkarten die Kartenart genannt), die über seine weitere Verarbeitung Aufschluß gibt. Mit Hilfe dieser Kennziffer wird dann der Satz über eine Verteiler-Anweisung der richtigen Verarbeitung zugeführt.

Beispiel 39. Verarbeitung von Sätzen unterschiedlichen Formats. Im folgenden Programmteil werden nur die wesentlichen Anweisungen gezeigt.

CHARACTER*80 SATZ, INTERN, TEXT, REST*79,

READ(10) SATZ	Ein Satz wird formatfrei aus einer externen Datei eingelesen.
WRITE(INTERN,'(A80)') SATZ	Der Satz wird in die interne Datei INTERN gespeichert.
READ(INTERN(1:1), '(I1)') KENN	Das 1. Zeichen des Satzes wird in eine Integerzahl umgewandelt, der Rest in einer Textvariablen gesp.
REST = INTERN(2:80)	
GOTO(20, 30, 40, 50) KENN	Mit einer Verteiler-Anw. werden die Sätze mit den Kennziffern 1 2 3 4 der entspr. Verarbeitung übergeben.

Graphische Ausgabe mit dem Drucker

Diese einfachste Form der graphischen DV (s. S. 27) kann als spezielles Anwendungsgebiet der Textverarbeitung betrachtet werden, weil Zeichen ausgegeben werden. Im folgenden wird die Ausgabe von Funktionsdiagrammen behandelt.

Ein grundlegendes Problem, das nichts mit DV zu tun hat, aber dem Anfänger erfahrungsgemäß stets Schwierigkeiten bereitet, sind die Maßstabsfragen. Es müssen Größen, die im folgenden mit x und y bezeichnet werden, durch Strecken dargestellt werden. Hierzu dient nach DIN 461, Graphische Darstellungen im Koordinatensystem, die

| Definition: Maßstab = $\dfrac{\text{Streckendifferenz}}{\text{entspr. Größendifferenz}}$

Beispiel: In der nebenstehenden Skizze ist der Maßstab
M = 20 mm / 50 N = 0.4 mm/N

```
0        20       40       60 mm
├────────┼────────┼────────┤
100      150      200      250 N
```

Es ist zweckmäßig, zunächst eine Skizze des gewünschten Diagramms zu entwerfen, aus der man die gewünschten Wertebereiche der Variablen und die Maßstäbe entnimmt. Dann ist zu überlegen, wie man die Koordinatenachsen x und y auf dem Drucker orientiert. Meist ist es zweckmäßig, die pos. y-Richtung in Richtung einer Zeile, also von links nach rechts und die pos. x-Richtung in Richtung des Zeilenvorschubs, also von oben nach unten zu legen (s.Bild 32, S. 136). Nun kann man berechnen, welche Größendifferenzen dem Abstand zweier Zeilen, bezw. zweier Zeichen entsprechen. Aus der obigen Gleichung ergibt sich bei der angegebenen Orientierung

  Δx pro Zeile DDX = Zeilenabstand/ x-Maßstab
  Δy pro Zeichen DDY = Zeichenabstand/ y-Maßstab

Bei vielen Druckern beträgt die Zeilendichte 6 Zeilen/Zoll, daraus ergibt sich ein Zeilenabstand von 4.2333 mm. Aus einer Zeichendichte von 12 Zeichen/Zoll ergibt sich ein Zeichenabstand von 2.1167 mm.

Beispiel 40. Funktionsdiagramm mit Drucker.

Es ist ein Programm für die nebenstehend gezeigte Druckerausgabe zu entwickeln. An vorgegebenen Stellen sollen Parallele zur Ordinate und zur Abszisse gedruckt werden. Die Parallelen zur Ordinate sind mit den entspr. x-Werten zu beschriften. Bei den Parallelen zur Abszisse ist dies an den vorgegebenen Stellen nicht ohne weiteres möglich. Deshalb sollen dort nur in der obersten Zeile die entspr. y-Werte gedruckt werden.

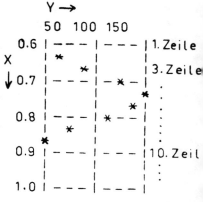

Bild 32 Druckerausgabe

In jeder Zeile wird der dem y-Wert entsprechende Punkt (Stern) gedruckt.

Die Analyse dieser Problemstellung ergibt folgende Eingabe-

werte :
XO, YO   Werte an der oberen linken Ecke des Diagramms
XMAX, YMAX   Werte an der unteren rechten Ecke des Diagramms
DX, DY   Differenzen zwischen zwei Parallelen
XMASS, YMASS   Maßstäbe auf den Koordinatenachsen

Bild 33 zeigt einen groben Programmablaufplan. Die aus den
Eingabewerten zu errechnenden Hilfsgrößen ergeben sich erst
bei einer weiteren Verfeinerung. Die Berechnung des Funktionswertes erfolgt nach der Druckvorbereitung für eine Zeile, weil
dadurch ggf. ein Zeichen für eine Achse durch den "Punkt"
überschrieben wird. Die Abfrage "Ist eine Zeile eine Parallele zur Ordinate ?" muß deshalb zweimal erfolgen. Die zweite
Abfrage wird im Programm durch eine Schalterabfrage realisiert.
Beim Löschen einer Zeile wird stets die gesamte Zeile gelöscht,
weil dies kaum umständlicher ist als zwei verschiedene Lösch-
anweisungen.

Im Programm haben die Variablen folgende Bedeutung:
ZCHAB, ZLAB   Abstand zweier Zeichen bezw. Zeilen
DRUCK(K)   Bereich der Druckzeichen einer Zeile
KMAX   Anzahl der Druckzeichen einer Zeile
XACHS(I), YACHS(I) Werte der Variablen x und y an den Parall.
DDX, DDY   Differenzen, die dem Abstand zweier Zeilen,
                bezw. Zeichen entsprechen
MZDX, NZDY   Anzahl der Zeilen bezw. Zeichen, die der Dif-
                ferenz DX bezw. DY entsprechen. Der Summand 0.5
                ist wegen des Abrundens bei der Umwandlung in
                den Typ Integer erforderlich.
MPX, NPY   Anzahl der Parallelen zu den Koordinatenachsen.
                Der Summand 1 ist erforderlich, weil die 1. Pa-
                rallele mitgezählt werden muß, 0.5 wegen des
                Rundens.
IS   Schaltervariable

Bild 34, S. 140 zeigt das Diagramm der Funktion
y = 2 sin x + sin 2x . Mit den Verfahren des Abschn. 7 kann
leicht eine beliebige Funktion in das Programm eingefügt werden. Man beachte, wie zwischen x = 3 und x = 4 wegen der
Rundungsfehler eine Zeile weniger gedruckt wird.

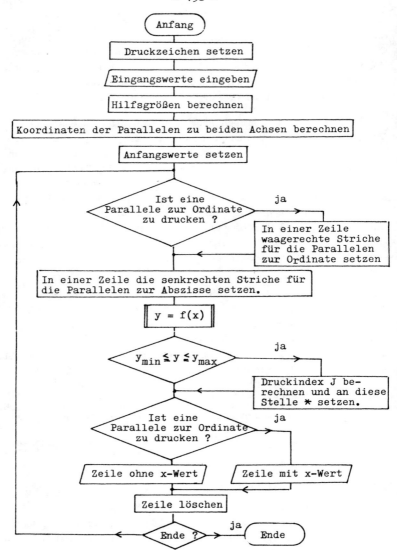

Bild 33 Plan für Diagramm mit Drucker

```
      PROGRAM DIAPRI
*     VEREINBARUNGEN
      CHARACTER*1 BLANK, PUNKT, ABSZ, ORD, DRUCK(70)
      DIMENSION XACHS(20), YACHS(10)
      DATA BLANK, PUNKT, ABSZ, ORD/' ', '*', 'I', '-'/
      DATA ZCHAB, ZLAB / 2.1167, 4.2333 /
*     12 ZEICHEN/ZOLL, 6 ZEILEN/ZOLL, EINHEIT MM

*     EINGABE UND HILFSGROESSEN
      READ*, X0, XMAX, DX, XMASS, Y0, YMAX, DY, YMASS
      DDX = ZLAB/XMASS
      MZDX = DX/DDX + 0.5
      MPX = (XMAX - X0)/DX + 1.5
      DDY = ZCHAB/YMASS
      NZDY = DY/DDY + 0.5
      NPY = (YMAX - Y0)/DY + 1.5
      KMAX = ((YMAX - Y0)/DDY) + 1.5

*     ACHSENBESCHRIFTUNG
      DO 10  I = 1, MPX
   10 XACHS(I) = X0 + (I-1) * DX
      DO 20  I = 1, NPY
   20 YACHS(I) = Y0 + (I-1) * DY
      WRITE(*, 1010) (YACHS(I), I = 1, NPY)
 1010 FORMAT('1', 12X, 'DIAGRAMM DER FUNKTION',
     1 ' Y = 2*SIN(X) + SIN(2*X) '
     2 // 6X, 10F9.2)

      I = 1
*     BEGINN DER SCHLEIFE
*     TEILSTRICHE UND ACHSEN
      DO 150 X = X0, XMAX, DDX
      IS = -1
      IF(XACHS(I) .GT. X) GOTO 60
      DO 50  K = 2, KMAX
   50 DRUCK(K) = ORD
      IS = +1
   60 DO 70  K = 1, NPY
      J = 1 + (K-1)*NZDY
      DRUCK(J) = ABSZ
   70 CONTINUE
*
      Y = 2.0 * SIN(X) + SIN(2.0 * X)

*     PUNKT DES GRAPHEN
      IF((Y.LT.Y0) .OR.
     1 (Y.GT.YMAX)) GOTO 80
      J = ((Y - Y0)/DDY) + 1.5
      DRUCK(J) = PUNKT
*     SCHREIBEN UND LOESCHEN EINER ZEILE
   80 IF(IS .LT. 0) GOTO 120
      WRITE(*, 1020) XACHS(I), (DRUCK(K), K = 1, KMAX)
 1020 FORMAT(2X, F10.2, 70A1)
      I = I + 1
      GO TO 130
  120 WRITE(*, 1030) (DRUCK(K), K = 1, KMAX)
 1030 FORMAT(12X, 70A1)
  130 DO 140 K = 1, KMAX
  140 DRUCK(K) = BLANK
*
  150 CONTINUE
      END
```

Eingabewerte für Bild 34:

0. 6.2 1. 20.
-3. 3. 1. 20.

Auch die drei Abszissenstriche rechts von y = 3.0 entstehen wegen Rundungsfehlern. Es ist DDY=0.105835 NZDY=9 NPY=7 KMAX=58. Damit wird in der Schleife DO 70 JMAX=55=KMAX-3. Würde man mit NZDY=10 rechnen, wird JMAX=61=KMAX+3.

Fortsetzung

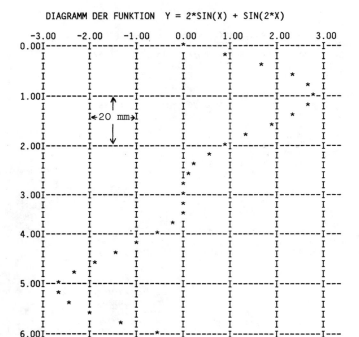

Bild 34 Funktionsdiagramm mit Drucker

Das folgende Beispiel zeigt eine einfache Darstellungsmöglichkeit einer Funktion von zwei unabhängigen Variablen $z = f(x,y)$. Mit einem Plotter können die Graphen z_k = const in der (x,y)-Ebene gezeichnet werden (Netztafel). Mit einem Drucker ist das nicht möglich. Es wird für jedes Wertepaar (x_i, y_j), das einer Schreibstelle entspricht, der z_{ij}-Wert berechnet. Gedruckt kann er an dieser Stelle nur werden, wenn er z.B. in einen Bereich von 0 bis 9 abgebildet wird (s.Aufg.38, S.145). Hier wird noch eine weitere Umformung durchgeführt. Das Diagramm wird übersichtlicher, wenn statt der Ziffern Zeichen gedruckt werden, die etwas über den Betrag von z aussagen.

```
Ziffern  0 1 2 3 4 5 6 7 8 9
Zeichen  b b . . - - + + * *
```

Das Problem der Textverarbeitung besteht in der Umwandlung
der Ziffern in Zeichen. Deshalb wird nur dieser Programmteil
gezeigt. Auf die Berechnung der z-Werte sowie die Behandlung
der Maßstabsfragen wird verzichtet.

Beispiel 41. Isogramm.

Mit der Anw. DATA ZEILE werden die beliebigen z-Werte für
eine Druckzeile vorgegeben (im Normalfall sind diese in einem
getrennten Programmteil zu berechnen). Mit der Anw. DATA ZEICH
werden die vorstehend gezeigten Zeichen dem Bereich ZEICH
zugeordnet.

Der wesentliche Programmteil ist die Schleife DO 10. Hier
werden mit dem gleichen Verfahren, das bereits in Beisp. 38,
S. 133 gezeigt wurde, den Ziffern die "richtigen" Zeichen zugeordnet.

Diese beiden Beispiele zeigen, wie sachlich sehr verschiedene
Probleme die gleiche programmiertechnische Lösung haben
können. Bei der Ausgabe werden die Ziffern nur zur Kontrolle
gedruckt.

```
*   ISOGRAMM
*
      PROGRAM ISO
      INTEGER ZEILE(20)
      CHARACTER*1 DRUCK(20), ZEICH(0:9)
      DATA ZEILE /8,8,7,6,5,5,2,2,1,1,1,0,3,5,5,6,6,7,8,8 /
      DATA ZEICH /' ',' ','.','.','-','-','+','+','*','*' /
*   ZUORDNUNG                                              Ausgabe
      DO 10  I = 1, 20
       J = ZEILE(I)
       DRUCK(I) = ZEICH(J)                                88765522111035566788
  10  CONTINUE                                            **++--..  .--+++**
*   AUSGABE
      WRITE(*, 100) ZEILE, DRUCK
 100  FORMAT(1X, 20I1 / 1X, 20A1)
      END
```

6.3 Aufgaben

Bei den folgenden Aufgaben sind Bereiche zu benutzen. Dies erscheint am Ende dieses Abschnitts selbstverständlich. Im allgemeinen ist diese Erkenntnis bereits ein wichtiger Lösungsschritt.

29. Aufg. 28, S. 118 ist mit indizierten Variablen zu lösen.

30. **Vektorrechnung**. Es wird eine beliebige Anzahl von Sätzen zu je drei Zahlen eingegeben. Sie bedeuten die drei Koordinaten eines Vektors. Das Programm endet, wenn für alle drei Koordinaten der Wert 0 eingegeben wird. Für jeden Vektor sind Betrag und die drei Richtungswinkel zu berechnen. Die eingegebenen und berechneten Werte sind für jeden Vektor in einer Zeile zu drucken. Hinweise: Es gilt

$$a = \sqrt{a_x^2 + a_y^2 + a_z^2} \quad \alpha = \arccos(a_x/a) \quad \beta = \arccos(a_y/a)$$
$$\gamma = \arccos(a_z/a)$$

31. Die **van der Waals Gleichung** für reale Gase lautet für ein kmol NH_3

$$p(T, V) = \frac{R T}{V - b} - \frac{a}{V^2}$$

$R = 8314$ J/K
$a = 4.23 \cdot 10^5$ N m^4
$b = 0.0371$ m^3

TAFEL DER VAN DER WAALS GLEICHUNG FUER REALE GASE

A = 0.4230E+06 N*M**4   B = 0.3710E-01 M**3

T/K	360	380	400	420	440
V/LITER		D R U C K / B A R			
20	0	0	0	0	0
40	0	0	0	0	0
60	132	0	0	0	0
80	36	75	114	153	191
100	52	79	105	132	158
120	67	87	107	127	147
140	75	91	107	123	139
160	78	91	105	118	132
180	78	90	102	113	125
200	77	88	98	108	118
220	76	85	94	103	112
240	74	82	90	98	106
260	71	79	86	94	101
280	69	76	82	89	96
300	66	73	79	85	92

Es ist eine Funktionstafel der vorstehenden Form zu berechnen
und zu drucken. Dabei ist folgende Bedingung zu prüfen:
wenn V < b wird der Druck negativ (physikalisch sinnlos), bei
V = b hat die Funktion eine Unstetigkeitsstelle. Deshalb soll
der p-Wert nur gedruckt werden, wenn $0 \leq p \leq 200$ bar ist. Ist
diese Bedingung nicht erfüllt, wird der Einfachheit halber
p = 0 gedruckt. Hinweise: 1 bar = 10^5 N/m^2 . Man beachte,
daß in der Tafel Integerzahlen gedruckt sind.

32. Quadratische Interpolation. Zunächst ist in zwei Bereichen X und Y eine Tafel mit n = 20 Wertepaaren x_i, y_i mit
i = 1, 2, ... 19, 20 einer beliebigen stetigen Funktion zu
erzeugen. Nun werden x-Werte eingegeben. Bei jedem Wert ist
zu prüfen, ob er im Intervall $x_1 \leq x < x_{19}$ liegt. Bei "nein"
Sprung an das Programmende. Bei "ja" ist gemäß der folgenden
Skizze die "richtige" Stelle der Tafel zu finden, aus der mit
den nachstehenden Interpolationsformeln von Newton der entsprechende y-Wert zu berechnen ist. Das Wertepaar x, y ist zu
drucken.

$$\begin{array}{cccc} x_i & x & x_{i+1} & x_{i+2} \end{array}$$

$$y = b_0 + b_1(x - x_i) + b_2(x - x_i)(x - x_{i+1})$$

$$b_0 = y_i \quad b_1 = \frac{y_{i+1} - y_i}{x_{i+1} - x_i} \quad b_2 = \frac{\left[\frac{y_{i+2} - y_{i+1}}{x_{i+2} - x_{i+1}} - \frac{y_{i+1} - y_i}{x_{i+1} - x_i}\right]}{x_{i+2} - x_i}$$

33. Sortieren beim Einlesen. Es sind maximal 500 Integerzahlen einzulesen und beim Einlesen zu sortieren.
Die zentralen Anweisungen dieses Programms basieren auf der
Voraussetzung, daß sich in den Speicherzellen Z(1) bis Z(I-1)
bereits sortierte Zahlen befinden. Die nun eingelesene Zahl
gelangt zunächst in die Zelle Z(I) und wird von dort durch
eventuelles mehrfaches Vertauschen an die richtige Stelle
der Zahlenfolge gebracht.

Der Kunstgriff des Verfahrens besteht darin, die ggf. erforderlichen Vertauschungen "von hinten", d.h. mit fallenden Indizes

vorzunehmen. Zunächst werden also die Inhalte von Z(I) und
Z(I-1) verglichen und ggf. vertauscht. Wenn vertauscht wurde,
sind nun Z(I-1) und Z(I-2) zu vergleichen. Dies ist zu wiederholen, bis zum ersten Mal kein Vertauschen mehr erforderlich
ist. Dann steht die eingelesene Zahl an der richtigen Stelle
und die nächste Zahl kann eingelesen werden. Beim Datenende
sind die Anzahl der eingelesenen Zahlen und die Zahlen zu
drucken. Hinweis: Die erste Zahl Z(1) ist getrennt einzulesen.

34. Funktionstafel als Matrix. Die Tafel des Beisp. 32, S.
126 ist so zu erstellen, daß zunächst die gesamte Matrix berechnet und anschließend gedruckt wird.

35. Transponieren einer Matrix. Die Koeffizienten a_{ik} einer
Matrix mit m Zeilen und n Spalten (m, n $\leq$ 10) sind einzulesen
und zu drucken. Es ist die transponierte Matrix zu bilden und
zu drucken. Hinweis: die 1. Spalte der Ausgangsmatrix wird
die 1. Zeile der transponierten Matrix usw.

36. Schlecht konditioniertes lineares Gleichungssystem.
Ein System ist nicht lösbar, wenn zwei Zeilen linear abhängig
sind. Dann sind die Zeilenvektoren $\underline{a}_i$ und $\underline{a}_j$ der Koeffizientenmatrix parallel und es ist $\cos(\underline{a}_i, \underline{a}_j) = 1$. Das System gilt
als schlecht konditioniert, wenn $|\cos(\underline{a}_i, \underline{a}_j)| > 0.92$ ist.

Diese Bedingung ist für eine einzugebende 6 mal 6 Matrix zu
prüfen. Es sind die cos-Werte aller Kombinationen von 2 Zeilen
zu bilden. Wenn die obige Bedingung erfüllt ist, sind die entsprechenden Zeilennummern und cos-Werte auszugeben.

Hinweis: $\cos(\underline{a}_i, \underline{a}_j) = (\underline{a}_i \cdot \underline{a}_j)/(|\underline{a}_i| |\underline{a}_j|)$

37. Farbcode für elektrische Widerstände. In Fortführung des
Beisp. 38, S. 133 ist ein Programm zu schreiben, das bei drei
eingegebenen richtigen Farben den entspr. Zahlenwert des Widerstandes berechnet und beides ausgibt. Hinweis: Am Schluß
ist aus drei Ziffern durch eine Summe von Zehnerpotenzen eine
Zahl zu bilden.

38. Es ist ein Isogramm der Funktion

$$z = 0.5 * (9 + x^2 - y^2) + 0.6$$

gemäß dem nachstehenden Muster herzustellen. Die Originalgröße beträgt 120 mm mal 120 mm. Die gedruckten Zahlen sind die z-Werte der vorstehenden Gleichung als Integerzahlen. Die x-Richtung liegt senkrecht nach unten.

```
         ISOGRAMM DER FUNKTION  Z = =.5 * (9. + X**X - Y**Y) + 0.6
                      X-ACHSE SENKRECHT NACH UNTEN

  -3.0   5556666777778888888999999999999999999988888887777666655 
         4455556666777777888888888888888888888888887777776666555 4
  -2.5   3444555566666777777788888888888888888888877777776666655 55444
         334444555566666667777777777777777777777777776666665555544433
         2333444455555666666667777777777777777766666666555555444 4333
  -2.0   22333444455555566666666666666666666666666666555555444 4333 32
         22223334444455555556666666666666666666666655555555544443 3332 22
  -1.5   12222333344444555555556666666666666666555555554444433332221
         11222233334444445555555555555555555555555554444444333322 2211
  -1.0   11122223333444444455555555555555555555555444444433333222211
         011122223333344444445555555555555555555544444444333332222111
         011122223333344444444555555555555555554444444443333322221111
  -0.5   0111122223333344444444555555555555444444444433332222 21110
         00111222233333444444444455555555544444444443333322 2 211110
   0.0   00111222233333444444444455555555544444444443333322 2 211110
         00111222233333444444444455555555544444444443333322 2 211110
         00111222233333444444444455555555544444444443333322 2 211110
   0.5   011112222333334444444445555555555554444444443333322221110
         0111222233334444445555555555555555555554444444333332222111
   1.0   11122223333344444455555555555555555555555444444333322 2211
         111222233334444455555555555555555555555554444443333 222211
   1.5   11222333344444555555556666666666665555555554444443 3332221
         12223334444455555556666666666666666666655555554444 4333222
         22233344444555555666666666666666666666666555555444 4333322
   2.0   233334444555556666666677777777777777666666665555544443332
         3344445555666666677777777777777777777766666655555444 4333
   2.5   3444455556666677777777888888888888777777776666655555 4443
         4445555666677777788888888888888888888888887777776666 5554 4
   3.0   4555666677777888888899999999999999999988888888777766665555
```

Bild 35 Isogramm

7 UNTERPROGRAMME, SPEZIFIKATIONSANWEISUNGEN

7.1 ALLGEMEINES

Bei der Bearbeitung umfangreicher Probleme ist es unzweckmäßig, ein gesamtes Problem durch ein einziges der bisher behandelten Hauptprogramme (HP'e) zu lösen. Im Sinne der strukturierten Programmierung (Abschn. 4.2) empfiehlt es sich vielmehr, die Lösung im Baukastenprinzip aus mehreren Unterprogrammen (UP'en) zusammenzusetzen. Dies hat folgende Vorteile: einfaches Aufteilen der Arbeit auf mehrere Bearbeiter; bessere Fehler-Kontrolle (jedes UP kann für sich getestet werden); übersichtliche Dokumentation. Viele Grundaufgaben kehren häufig wieder. Die entsprechenden UP'e werden in einer UP-Bibliothek zusammengestellt. Diese Bibliothek ist ein wesentlicher Teil der Anwendungssoftware.

> Definition: Wenn ein UP benutzt wird, sagt man: es wird aufgerufen. Die entsprechende Anweisung heißt der Aufruf (reference) des UP.

Vor der Ausführung müssen HP und UP'e zu einem ausführbaren Programm zusammengefügt werden (das sog. Binden). Dazu müssen vorher alle Programmeinheiten übersetzt worden sein. Näheres hierzu s. Abschn. 3.3 und Definition auf S. 89.

Bild 36 zeigt den grundsätzlichen Zusammenhang zwischen HP und UP'en. Wenn ein UP aufgerufen wird, erfolgt jeweils ein Sprung an eine andere Stelle des Hauptspeichers. Ein UP kann andere aufrufen, aber nicht sich selbst. Letzteres ist nicht selbstverständlich, es gibt Programmiersprachen, bei denen dies zulässig ist. Wenn ein UP ein anderes aufruft, wirkt es auf dieses wie ein HP.

In Bild 36 ruft das HP zunächst das UP1 auf. Dieses benötigt ein UP2. Später wird UP2 direkt vom HP aufgerufen. Schließlich ruft das HP ein UP3 auf, dieses benötigt UP1, wodurch nochmals UP2 aufgerufen wird.

Bei diesen Aufrufen finden nicht nur die im Bild gezeigten Sprünge statt, sondern es müssen Informationen in beiden Richtungen übertragen werden. Diese sog. Parameterübertragung bildet ein schwieriges Problem beim Aufbau eines ausführbaren Programms. Viele der anschließend erläuterten Definitionen und Regeln diesen der Lösung dieses Problems.

Nun werden noch einige bei allen UP-Arten gemeinsame Begriffe erläutert:

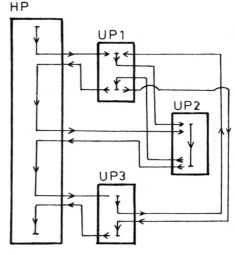

Bild 36   ausführbares Programm

Definition: Ein lokaler Name gilt nur in der Programmeinheit, in der er definiert (vereinbart und/oder initialisiert) ist. Ein globaler Name gilt in mehreren Programmeinheiten, d.h. er bedeutet in allen Programmen die gleiche Speicherzelle.

Ein lokaler Name darf also in einer anderen Programmeinheit in anderer (oder gleicher) Bedeutung benutzt werden. Er muß in jeder Programmeinheit definiert werden. Als grobe Regel gilt:

Namen von Variablen sind lokal. Namen von Programmen und Dateien sind global. Anweisungsnummern sind stets lokal. Im folgenden werden nur Abweichungen von dieser Regel erwähnt.

Wenn im folgenden kurz von "Variablen" gesprochen wird, sind damit stets sowohl einfache Variable als auch indizierte Variable als auch Bereiche gemeint.

> Definition: Parameter (arguments) sind Größen, die vom
> HP ins UP und in umgekehrter Richtung übertragen werden.
> Im ersten Fall spricht man von Eingangs- im zweiten von
> Ausgangsparametern. Die beim Schreiben des UP auftreten-
> den Parameter heißen die formalen (dummy), die beim Auf-
> ruf die aktuellen (actual) Parameter.

Beide Einteilungen überlagern sich. Es gibt also z.B. formale
Ausgangsparameter. Welche Größen jeweils als Parameter zuläs-
sig sind, wird bei den verschiedenen UP-Arten erläutert.
Allgemein gelten folgende Regeln:

1. Die Namen des formalen und aktuellen Parameters der gleichen Größe dürfen verschieden sein.

2. Die Bedeutung und der Typ der formalen und aktuellen Parameter müssen in den beim Schreiben und beim Aufruf der
   UP'e erforderlichen Listen elementweise übereinstimmen.

Regel 1 garantiert, daß HP und UP völlig unabhängig voneinander geschrieben werden können. Wegen Regel 2 ist eine ausführliche Beschreibung der Parameter in der Programmbeschreibung
unerläßlich.

Außer der Kenntnis dieser formalen Begriffe und Regeln ist es
insbesondere für fortgeschrittene Anwendungen nützlich zu
wissen, wie die Parameterübertragung zwischen HP und UP durchgeführt wird. Beim Aufruf des UP werden ihm die Adressen der
Zellen der aktuellen Parameter übergeben. Man nennt dieses
Verfahren "Namenübergabe" (pass by reference). Die Liste der
formalen Parameter wird also beim Aufruf eine Liste von Adressen der Zellen, von denen bezw. in die Information übertragen
wird. Vereinfacht kann man sagen: die formalen und aktuellen
Parameter belegen (trotz unterschiedlicher Namen) die gleichen
Zellen.

Diese vereinfachte Ausdrucksweise ist nur richtig, wenn formale und aktuelle Parameter einfache Variable sind.
Ist der aktuelle Parameter ein Bereichsname, so steht im formalen Parameter die Adresse des 1. Elementes des Bereichs.
Ist der aktuelle Parameter ein Ausdruck, so steht im formalen
Parameter die (dem Programmierer unbekannte) Adresse der Zelle
in der der Wert dieses Ausdrucks gespeichert wurde.
Die Konsequenzen, die sich aus diesem Verfahren ergeben, werden an geeigneter Stelle erläutert.

7.2 FUNKTIONS-UNTERPROGRAMME

Definition: Mit einem Funktions-Unterprogramm, kurz Funktion genannt, können mehrere Eingangsparameter ins UP übertragen werden. Das UP liefert aber nur einen Wert, der in der Zelle des Funktionsnamens gespeichert wird.

Für den Funktionsnamen gelten deshalb die gleichen Regeln wie für Variablennamen, d.h. ggf. muß der Datentyp im HP mit den in Abschn. 5.2.2 erläuterten Regeln in einer Spezifikationsanweisung vereinbart werden.

Eine häufige Anwendung der Funktions-UP'e, von dem dieser Typ seinen Namen hat, ist die Berechnung einer Funktion (im Sinne der Mathematik) von mehreren unabhängigen Variablen. Sie sind die Eingangsparameter. Der Name (Ausgangsparameter) liefert den Funktionswert.

Die Funktionen werden in drei Arten eingeteilt:

Standardfunktionen (intrinsic functions)
Anweisungsfunktionen (statement functions)
Externe Funktionen (external functions)

Die Standardfunktionen sind Teil der FORTRAN-Sprache und wurden bereits im Abschn. 5.3.1 behandelt. Die beiden anderen Arten sind selbst zu schreibende UP'e. Der Aufruf ist für alle drei Arten gleich und lautet

> Variable = ... Funktionsname(Liste der aktuellen Par.) ..

... bedeutet hier, daß der Funktionsname mit der Liste Teil eines Ausdrucks sein darf.

aktuelle Parameter = Ausdrücke (meist Variable oder Konstante), Namen anderer UP'e.

> Bereichsnamen werden ohne Indizes geschrieben, näheres s. S.157. Namen anderer UP'e werden ohne deren Parameterliste geschrieben, näheres s. Abschn. 7.4.1.

Beispiel: Y = SIN(SQRT(X)) Die Parameterliste besteht aus einem Ausdruck (nicht dem Namen eines anderen UP'es). Die Parameterübertragung verläuft etwa so: die Adresse der Zelle X wird dem UP SQRT übergeben, das Ergebnis gelangt in die Zelle SQRT. Deren Adresse wird dem UP SIN übergeben, das Ergebnis gelangt in die Zelle SIN und wird von dort in die Zelle Y übertragen.

7.2.1 Anweisungsfunktionen

> Funktionsname(Liste der formalen Parameter) = Ausdruck

Formale Parameter = einfache Variable

Diese einfachste Form eines UP'es wird benutzt, wenn der gewünschte Wert mit einem Ausdruck berechnet werden kann und nur einfache Variable als formale Parameter auftreten. Anweisungsfunktionen werden im HP, in dem sie benutzt werden, unmittelbar nach den Spezifikationsanweisungen geschrieben. Ggf. sind die Typen von Funktionsnamen und Variablen vorher zu vereinbaren. Der Funktionsname ist lokal, d.h. er gilt nur in diesem HP. Kommen in dem Ausdruck Variable vor, die nicht in der Parameterliste stehen, so haben sie die gleiche Bedeutung wie die Variablen gleichen Namens im HP.

Beispiel 42. Anweisungsfunktionen.

BETR(X, Y, Z) = SQRT(X*X + Y*Y + Z*Z)
                      Es wird der Betrag eines Vektors gebildet.
RUND(X, N) = ANINT(X * 10.**N)/10. ** N
                      Eine Real-Zahl wird auf n Stellen nach dem
                      Dezimalpunkt gemäß DIN 1333 gerundet. Diese
                      Funktion ist nützlich, wenn mit gerundeten
                      Zahlen weiter gerechnet werden soll. Das
                      Runden mit der Formatliste bezieht sich
                      nur auf die Datenausgabe.
LOGICAL IMPL, X1, X2
IMPL(X1, X2) = .NOT. X1 .OR. X2
                      liefert die standardmäßig nicht vorgesehene
                      Operation Implikation.

Beispiel 43. Berechnung eines Dreiecks.

Es werden die drei Seiten eines konstruierbaren Dreiecks eingegeben. Die Winkel sind mit dem cos-Satz zu berechnen. Seiten und Winkel sind auszugeben.

Der cos-Satz wird als Anweisungsfunktion geschrieben und im Programm dreimal aufgerufen. Es wird der Winkel berechnet, der der ersten in der Parameterliste aufgeführten Seite gegenüberliegt. Der vorstehende Satz ist die Programmbeschreibung des UP'es.

```
      PROGRAM DREI
      WINKEL(X,Y,Z) = 57.2958*ACOS((Y*Y+Z*Z-X*X)/(2.*Y*Z))
*
      PRINT*, '    A      B      C    ALPHA   BETA   GAMMA'
   10 READ(*,*, END=20) A, B, C
      ALPHA = WINKEL(A,B,C)
      BETA  = WINKEL(B,C,A)
      GAMMA = WINKEL(C,A,B)
*
      WRITE(*,'(6F8.2)' ) A,B,C, ALPHA, BETA, GAMMA
      GOTO 10
   20 END
```

7.2.2 Externe Funktionen

```
[Typ]  FUNCTION Name ([Liste der formalen Par.] )
   Anweisungen
[Name = Ausdruck]
[RETURN ]
   Anweisungen
Name = Ausdruck
END
```

Typ = Schlüsselwort für den Typ des Funktionsnamens. Es entfällt bei impliziter Typvereinbarung.

Name = Funktionsname

formale Parameter = Variable, Namen anderer UP'e.
Bereichsnamen sind ohne Indizes, Namen anderer UP'e ohne Parameterliste zu schreiben (s. Abschn. 7.4.2).

Wenn die Liste (in Ausnahmefällen) leer ist, sind trotzdem die runden Klammern zu schreiben.

Das Programm beginnt ggf. mit Spezifikationsanweisungen, in denen auch die Elemente der Parameterliste aufzuführen sind. Näheres zu Bereichen und Character-Größen s.S. 157.

Name = Ausdruck muß mindestens einmal im Programm vorkommen. Mit RETURN erfolgt der Rücksprung ins HP. Diese Anweisung darf mehrfach auftreten. Die Anweisung END hat die gleiche Wirkung wie RETURN. Sie darf nur einmal als letzte Anweisung vorkommen.

Es wird empfohlen, die Parameter nur als Eingangsparameter zu benutzen und nicht im UP zu verändern. Andernfalls können bei der Parameterübertragung unerwünschte Effekte eintreten. Die Änderung eines Parameters im UP ändert den Inhalt der entspr. Zelle im HP (s.S. 148).

Beispiel 44. Externe Funktionen.

```
      FUNCTION SUM(A, B, N)              CHARACTER*4 FUNCTION ANTW(X)
      DIMENSION A(N), B(N)         *
      SUM = 0.                           IF(X .EQ. 0.) THEN
*                                          ANTW = 'JA'
      DO 10 I = 1, N                     ELSE
        SUM = SUM + A(I)*B(I)              ANTW = 'NEIN'
   10 CONTINUE                            END IF
*                                   *
      END                                END
```

Mit dem linken UP wird die bekannte Produktsumme berechnet (s.Beisp. 29, S. 121.). Die Anzahl n der Summanden wird hier als Eingangsparameter übergeben. Wollte man sie im UP ermitteln, wäre es ein für externe Funktionen nicht zulässiger zweiter Ausgangsparameter. Die Möglichkeit, N in der DIMENSION-Anweisung aufzuführen, wird auf S. 157 näher erläutert.

Das rechte UP hat eine Real-Zahl als Eingangsparameter, der Funktionswert ist vom Typ Character. Dieses Beispiel zeigt eine Möglichkeit der beliebigen Umwandlung (Codierung) von Zahlen in Zeichen.

Beispiel 45. Ausgleichung einer Geraden.

Aus den eingelesenen Wertepaaren x_i, y_i sollen durch Ausgleichungsrechnung die Koeffizienten a_0 und a_1 der "besten Geraden"

$$y = a_0 + a_1 x \qquad \text{berechnet werden}$$

Die Ausgleichungsrechnung liefert für a_0 und a_1 das folgende lineare Gleichungssystem [4]

$$n\, a_0 + (\Sigma x_i)\, a_1 = \Sigma y_i$$
$$(\Sigma x_i)\, a_0 + (\Sigma x_i^2)\, a_1 = \Sigma x_i y_i$$

Es ist stets über sämtliche n Messwerte zu summieren. Das Gleichungssystem wird hier mit Determinanten gelöst. Dazu, und vor allem für eine Erweiterung des Problems auf die Berechnung der Koeffizienten einer ganzen rationalen Funktion m-ten Grades werden die vorstehenden Summen in der üblichen Form der Koeffizienten a_{ik} eines linearen Gleichungssystems geschrieben.

$$a_{11} = n \qquad a_{12} = \Sigma x_i \qquad b_1 = \Sigma y_i$$
$$a_{21} = \Sigma x_i \qquad a_{22} = \Sigma x_i^2 \qquad b_2 = \Sigma x_i y_i$$

Damit lautet die Lösung des vorstehenden Systems

$$a_0 = (b_1 a_{22} - a_{12} b_2)\, /\, \text{Nenner}$$
$$a_1 = (a_{11} b_2 - b_1 a_{21})\, /\, \text{Nenner} \qquad \text{Nenner} = (a_{11}a_{22} - a_{12}a_{21})$$

Das umseitige Programm zeigt die Bildung der verschiedenen Produktsummen mit Hilfe des UP'es von Beisp. 44, S. 152. Die Anweisung C(I) = 1. in der Schleife DO 10 ist erforderlich, um auch a_{12} und b_1 als Produktsumme berechnen zu können.

Bei der Ausgleichung einer Funktion höheren Grades wäre es zweckmäßig, auch die Koeffizienten a_{ik} des linearen Gleichungssystems als indizierte Variable einzuführen und das System mit einem UP des folgenden Typs zu lösen.

```
*   HP AUSGLEICHUNG EINER GERADEN
*
      PROGRAM AUSGL
      REAL NENN
      DIMENSION X(100), Y(100), C(100)
*   EINLESEN DER DATEN
      DO 10  I = 1, 100
        READ(*,*, END = 20) X(I), Y(I)
        C(I) = 1.
   10 CONTINUE
*
   20 N = I - 1
      A11 = N
      A12 = SUM(X, C, N)
      A21 = A12
      A22 = SUM(X, X, N)
      B1  = SUM(Y, C, N)
      B2  = SUM(X, Y, N)

      NENN = A11*A22 - A12*A21
      ZA0  = B1*A22 - A12*B2
      ZA1  = A11*B2 - B1*A21
      A0   = ZA0/NENN
      A1   = ZA1/NENN

      WRITE(*,100) A0, A1
  100 FORMAT(10X, 'A0 = ',E12.5, '    A1 = ', E12.5)
      END
```

7.3 SUBROUTINE-UNTERPROGRAMME

> Definition: Mit einem Subroutine-Unterprogramm, kurz <u>Subroutine</u> genannt, kann eine <u>beliebige Anzahl</u> von Größen sowohl vom HP ins UP als auch in umgekehrter Richtung übertragen werden.

Diese UP'e (manchmal auch "eigentliche UP'e" genannt) werden z.B. benutzt, wenn auch die Ausgangsparameter Bereiche sind. Eine häufige Anwendung bilden die Verfahren der linearen Algebra. Ferner werden diese UP'e oft zur Daten E/A oder zur Ausgabe feststehender Texte verwendet. Im letzten Fall brauchen überhaupt keine Parameter vorhanden zu sein. Das UP berechnet nicht etwas, sondern tut etwas.

Eine Subroutine beginnt mit der Anweisung

> SUBROUTINE Name [(Liste der formalen Par.)]

Name = Name des UP'es. Dieser Name hat keinen Typ.

formale Parameter = wie bei externen Funktionen (s.S. 151)
Wenn die Liste leer ist, entfallen auch die runden Klammern.

Die Liste enthält sowohl die Eingangs- als auch die Ausgangsparameter in beliebiger Reihenfolge (die natürlich mit der beim Aufruf übereinstimmen muß). Nach Ausführung des UP'es stehen in den Zellen der Ausgangsparameter die berechneten Werte und können im HP benutzt werden. Wegen der Parameterübertragung (s.S. 148) empfiehlt es sich insbesondere bei umfangreichen Programmen stets getrennte Zellen für die Eingangs- und Ausgangsparameter vorzusehen. Im übrigen gelten für Subroutinen die gleichen Regeln wie für externe Funktionen, insbesondere darf innerhalb des Programms die RETURN-Anweisung benutzt werden.

Der Aufruf einer Subroutine lautet

> CALL Name [(Liste der aktuellen Par.)]

Dies ist eine (vollständige) Anweisung, deren Wirkung sich aus den vorstehenden Erläuterungen ergibt.

Beispiel 46. Subroutine-UP'e.

```
     P r o g r a m m
SUBROUTINE PORE(R, PHI, X, Y)
X = R * COS(PHI)
Y = R * SIN(PHI)
END

SUBROUTINE TAUSCH(X, Y)
H = X
X = Y
Y = H
END
```

W i r k u n g

Umrechnen von Polar- in Rechtwinklige Koordinaten. R und PHI sind die Eingangs- , X und Y die Ausgangsparameter.

Tauschen der Inhalte zweier Zellen. Hier werden die Eingangs- zu Ausgangsparametern.

Beispiel 47. Sortieren von drei
Zahlen (s. Beisp. 21, S. 111).

Mit dem UP des Beisp. 46 kann
dieses Problem in der nebenstehenden wesentlich kürzeren
Form gelöst werden.

```
      READ*, A, B, C
*
      IF(A .LE. B) GOTO 10
*     CALL TAUSCH(A,B)
   10 IF(A .LE. C) GOTO 20
*     CALL TAUSCH(A,C)
   20 IF(B .LE. C) GOTO 30
      CALL TAUSCH(B,C)
   30 PRINT*, A, B, C
      END
```

Beispiel 48. Erzeugen von Zufallszahlen.

Diese Zahlen spielen in der Statistik und bei Simulationsproblemen eine wichtige Rolle. Echte Zufallszahlen im Sinne der Wahrscheinlichkeitstheorie können in FORTRAN nicht erzeugt werden. Deshalb spricht man hier genauer von Pseudo-Zufallszahlen. Es gibt zahlreiche Verfahren zu ihrer Erzeugung. Bei allen wird durch eine geeignete Rechenoperation aus einer Zahl z_i die nächste Zahl z_{i+1} erzeugt. Von dieser werden dann manchmal nur bestimmte Ziffern gewählt. Das hier benutzte <u>Kongruenzverfahren</u> hat den Vorteil der Einfachheit und damit einer hohen Rechengeschwindigkeit. Es benutzt folgende Formel

$$z_{i+1} = (a\,z_i + b) \bmod i$$

Dabei werden a, b und i so gewählt, daß stets $(a\,z_i + b) < n_{max}$ ist, wobei n_{max} die größte im Rechner darstellbare Integerzahl bedeutet. Mit einem in [16] gezeigten Verfahren ergeben sich bei $n_{max} = 2^{31}$ die im folgenden Programm benutzten Werte. Manchmal werden die erhaltenen z_{i+1} durch i dividiert, dann erhält man Zufallszahlen zwischen Null und Eins (s.Aufg.45,S.169).

Mit dem folgenden Programm werden ganze Zufallszahlen in einem vorzugebenden Intervall $M \leq Z \leq N$ erzeugt. M und N sind die Eingangsparameter. Der beliebige Startwert Z1 ist (nur) vor dem 1. Aufruf ebenfalls einzugeben[1]. Dann wird mit jedem Auf-

---
[1] Oft kann vom Rechner die Uhrzeit in das Programm übernommen werden. Der Sekundenwert kann als Zufallswert Z1 benutzt werden.

ruf eine neue Zufallszahl Z erzeugt. Auch Z1 gelangt zurück ins HP und wird beim nächsten Aufruf zum Eingangsparameter. Deshalb wurde dies UP als Subroutine und nicht als Funktion geschrieben.

```
SUBROUTINE ZUF(Z1, Z, M, N)
INTEGER Z1, Z, A, B
DATA A, B, I / 3612, 5701, 566927 /

K = A * Z1 + B
Z1 = MOD(K,I)
L = N - M + 1
Z = M + MOD(Z1,L)

END
```

Häufige Anwendungen und die entsprechenden Werte von M und N sind

	M	N
Binäre Entscheidungen	0	1
Würfeln	1	6
Roulette	0	36

<u>Bereiche und Character-Größen als Parameter</u>
In einem HP müssen in den Spezifikationsanweisungen für Bereiche deren Indexgrenzen als Integer-Konstante angegeben werden. In den Spezifikationsanweisungen der UP'e sind auch Integerausdrücke (die sog. dynamische Dimensionierung) zulässig. Man braucht also beim Schreiben des UP'es die maximalen Indexgrenzen nicht zu kennen. Bei Bereichen mit mehr als einem Index ist es aber wegen der auf S. 121 und 148 geschilderten Art der Speicherung der Elemente und der Parameterübertragung zu empfehlen, sowohl die vereinbarten als auch die tatsächlichen (z.B. eingelesenen) Indexgrenzen ins UP zu übertragen. Dieses etwas schreibaufwendige Verfahren schützt vor manchem schwer zu findenden Fehler (s.Beisp. 49, S. 158).

Bei Character-Größen entsteht im Prinzip das gleiche Problem. Hier läßt es sich formal einfach dadurch lösen, daß man im UP als Längenangabe (*) schreibt. Dann wird die im HP vereinbarte Länge ins UP übertragen.

Beispiel: SUBROUTINE TEXT (STRING)
          CHARACTER STRING * (*)
          Anweisungen

Beispiel 49. Matrizenrechnung.

Mit den folgenden Programmen werden zwei Matrizen A und B eingelesen. Dann wird geprüft, ob sie sich miteinander multiplizieren lassen (s.Beisp. 34, S. 129). Bei "ja" werden sie multipliziert und schließlich alle drei Matrizen gedruckt.

```
*   HP MATRIZENRECHNUNG
*
    PROGRAM HPMATR
*   EINLESEN, MULTPL. UND DRUCKEN VON
*   MATRIZEN MIT UNTERPROGRAMMEN
    PARAMETER(MMAX = 10, NMAX =10)
    DIMENSION A(MMAX,NMAX), B(MMAX,NMAX),
   1 C(MMAX,NMAX)
*
    READ*, MA, NA, MB, NB
    CALL LIES(A, MMAX,NMAX,MA,NA)
    CALL LIES(B, MMAX,NMAX,MB,NB)
*
    IF(NA .NE. MB) GOTO 10
    CALL MATRM(A,B,C,MMAX,NMAX,MA,NA,
   1 MMAX,NMAX,MB,NB,MMAX,NMAX,MA,NB)
*
    WRITE(*,100)
100 FORMAT( //'         MATRIX A')
    CALL DRUCK(A, MMAX,NMAX,MA,NA)
*
    WRITE(*,110)
110 FORMAT( //'         MATRIX B')
    CALL DRUCK(B, MMAX,NMAX,MB,NB)
*
    WRITE(*,120)
120 FORMAT( //'      MATRIX C = A * B')
    CALL DRUCK(C, MMAX,NMAX,MA,NB)
    STOP
*
 10 PRINT*, 'MULTIPLIKATION NICHT MOEGLICH.'
    END
```

```
*   UP'E ZUM LESEN, DRUCKEN UND MULTPL.
*   VON MATRIZEN
*
*   EINLESEN EINER MATRIX

    SUBROUTINE LIES(A, MMAX, NMAX,M,N)
    DIMENSION A(MMAX,NMAX)

    DO 10 I = 1,M
 10 READ*, (A(I,K), K = 1, N)
    END
*
*   DRUCKEN EINER MATRIX

    SUBROUTINE DRUCK(A,MMAX,NMAX,M,N)
    DIMENSION A(MMAX,NMAX)

    DO 10 I = 1, M
 10 WRITE(*, 100) (A(I,K), K= 1, N)
100 FORMAT(5G14.5)
    END
*
*   MATRIZENMULTIPLIKATION

    SUBROUTINE MATRM(A,B,C,
   1 MAMAX,NAMAX,MA,NA,MBMAX,NBMAX,
   2 MB,NB,MCMAX,NCMAX,MC,NC)
    DIMENSION A(MAMAX,NAMAX),
   1 B(MBMAX,NBMAX), C(MCMAX,NCMAX)

    DO 10 I= 1,MA
    DO 10 K = 1,NB
    C(I,K) = 0.
    DO 10 J = 1,NA
    C(I,K) = C(I,K) + A(I,J) * B(J,K)
 10 CONTINUE
    END
```

7.4 SPEZIFIKATIONSANWEISUNGEN

Im Zusammenhang mit der UP-Technik können einige weitere Spezifikationsanweisungen auftreten. In der nachstehenden Liste sind alle in diesem Buch behandelten mit einer Kurzbeschreibung zusammengestellt. Die Spezifikationsanweisungen gehören zu den nicht ausführbaren Anweisungen und müssen am Programmanfang vor den ausführbaren Anweisungen stehen. In einem tatsächlichen Programm können einzelne oder alle dieser Anweisungen fehlen.

Schlüsselwort	Erläuterung
INTEGER, REAL, DOUBLE PRECISION, COMPLEX, LOGICAL, CHARACTER	Liste von Variablen, die den angegebenen Typ haben sollen. Siehe Abschn. 5.2 .
IMPLICIT	Zuordnung von Anfangsbuchstaben von Variablennamen zu einem Typ. Siehe Abschn. 5.2 .
PARAMETER	Zuordnung von Werten zu Konstantennamen. Siehe Abschn. 5.6.1 .
DIMENSION	Liste von Bereichsnamen mit Angabe der Indexgrenzen. S. Abschn. 6.1.
INTRINSIC	Liste von Standardfunktionen, die als aktuelle Parameter anderer UP'e auftreten. S. Abschn. 7.4.1.
EXTERNAL	Liste selbst geschriebener UP'e, die als aktuelle Parameter anderer UP'e auftreten. S. Abschn. 7.4.1.
COMMON	Liste von Variablen, die in verschiedenen Programmen die gleichen Speicherzellen belegen sollen. S. Abschn. 7.4.2.
EQUIVALENCE	Liste von Variablen, die im gleichen Programm die gleichen Speicherzellen belegen sollen. Siehe Abschn. 7.4.2.

7.4.1 INTRINSIC- und EXTERNAL-Anweisung

Diese Anweisungen sind zu verwenden, wenn in der Liste der aktuellen Parameter eines UP'es der Name eines anderen UP'es vorkommt. Dadurch kann dieser Name von einem Variablennamen unterschieden werden.

Diese Anweisungen haben folgende Form

> INTRINSIC Liste von Namen von Standardfunktionen
> EXTERNAL   Liste von Namen selbst geschriebener UP'e

Bei den Standardfunktionen sind nur die in der linken Spalte der S. 84 aufgeführten "mathematischen Funktionen" zulässig. Die selbst geschriebenen UP'e dürfen keine Anweisungsfunktionen sein. Im übrigen haben beide Anweisung die gleiche Wirkung.

Das hier Behandelte ist nicht mit dem häufigen Fall zu verwechseln, daß ein aktueller Parameter ein Ausdruck ist, der aus einem Funktionsaufruf besteht.

Beispiel: Y = SIN(SQRT(X))   Hierzu siehe S. 150.

Soll hingegen mit einem
Funktions-UP   FUNCTION SIMPS(A, B, FKT)
mit der Simpson-Regel für eine beliebige Funktion das bestimmte Integral $\int_a^b f(x)\, dx$ berechnet werden, so ist der 3. Parameter von SIMPS ein Funktionsname. Ein Aufruf zur Berechnung von $I = \int_0^\pi \sin x\, dx$ würde lauten I = SIMPS(0.,PI,SIN)
Damit der Rechner erkennt, daß SIN der Name einer Funktion und nicht der einer Variablen ist, muß am Anfang des aufrufenden Programms INTRINSIC SIN stehen. Das vorliegende Problem wird in Aufg. 43, S. 168 weiter behandelt.

Das folgende Beispiel zeigt die Anwendung dieser Anweisungen auf das in Beisp. 25, S. 116 behandelte Suchen einer Nullstelle einer Funktion durch Eingabeln.

Beispiel 50. Nullstelle_einer_Funktion.
Das in Beisp. 8, S. 62 erläuterte Verfahren der laufenden Halbierung wird hier als UP geschrieben. Stattdessen könnte man z.B. auch das Newton-Verfahren wählen. Man benötigt dazu aller-

dings die 1. Ableitung der Funktion als weiteres UP. Hier wird nur die Funktionsgleichung als UP benötigt.

Das HP hat vor allem die Aufgabe die Nullstelle einzugabeln, d.h. zwei x-Werte zu finden, bei denen die Funktionswerte verschiedene Vorzeichen haben. Der Einfachheit halber werden dazu noch folgende Voraussetzungen gemacht. Die Funktion sei überall definiert und stetig. Bei $x_1 = 0$ ist keine Nullstelle. Die Suche wird abgebrochen, wenn im Intervall $-10^6 \leq x \leq 10^6$ keine Nullstelle gefunden wurde. Das Programm findet nur eine Nullstelle. Das Suchen sämtlicher Nullstellen würde mit Ausnahme der ganzen rationalen Funktionen einen erheblich grösseren Aufwand erfordern.

UP zur laufenden Halbierung

```
    FUNCTION XNULL(X1, X2, F)
*
    Y1 = F(X1)
*
 10 X = 0.5 * (X1 + X2)
    Y = F(X)

    IF( ABS(Y) .LT. 1.E-6) GOTO 20
    IF(SIGN(1.,Y1) .EQ. SIGN(1.,Y)) THEN
      X1 = X
    ELSE
      X2 = X
    END IF
    GO TO 10
*
 20 XNULL = X

    END
*
* FUNKTIONSGLEICHUNG
*
    FUNCTION F(X)
    F = X*X + EXP(X) -2.

    END
```

Im HP ist die programmiertechnisch wichtigste Anweisung die Nr. 40. Der Umgang mit der Zelle X2 ist gewagt, aber es funktioniert.

```
* HP FUER NULLSTELLE

    PROGRAM NULL2
    EXTERNAL F
* ANFANGSWERTE
    X1 = 0.
    Y1 = F(X1)
    X2 = 0.1
    FAKT = -1.2
* EINGABELN
 10 Y2 = F(X2)
    IF(SIGN(1.,Y1) .NE. SIGN(1.,Y2)) GOTO 40
    X2 = FAKT * X2
    IF(ABS(X2) .LT. 1.2 E6) GOTO 10
    PRINT*, 'KEINE NULLSTELLE GEFUNDEN.'
    STOP
* BERECHNUNG DER NULLSTELLE
 40 X2 = XNULL(0., X2, F)
    PRINT*, '1. NULLST. = ', X2

    END
```

Die FUNCTION F(X) wird sowohl im HP als auch im anderen UP aufgerufen.

7.4.2 COMMON- und EQUIVALENCE Anweisung

Wenn mehrere Programmeinheiten zu den gleichen Daten Zugriff erhalten sollen, kann dies statt durch Parameterlisten auch durch die COMMON-Anweisung erreicht werden. Sie ist übersichtlicher als lange Parameterlisten und ermöglicht hardwareseitig einen schnelleren Zugriff. Es wird ein für mehrere Programmeinheiten gemeinsamer (common) Speicherbereich geschaffen. Im Unterschied zu den im Abschn. 8 behandelten Dateien bleibt dieser Speicherbereich aber nur während der Ausführung eines ausführbaren Programmes definiert.

Die COMMON-Anweisung tritt in zwei Formen auf

unbenannt	COMMON Liste
benannt	COMMON /Name/ Liste /Name/ Liste ...

Liste = Liste von Variablen. Die Namen sind lokal. Bei Bereichen werden Namen und Indexgrenzen angegeben. Die Anweisung ersetzt also eine DIMENSION-Anw.

Name = Name eines COMMON-Blocks, d.h. Name der darauffolgenden Liste. Diese Namen sind global (s.S. 147).

In einem Programm dürfen mehrere COMMON-Anweisungen auftreten. Sie wirken wie eine "lange" Anweisung. Die Anweisung muß in mindestens zwei Programmeinheiten auftreten. Die Listenelemente werden in allen Programmeinheiten, in denen die Anweisung auftritt, elementweise gleichgesetzt, d.h. sie belegen die gleichen Zellen. Sich entsprechende Variablen müssen deshalb vom gleichen Typ sein und die Längen verschiedener Listen übereinstimmen. (Von dieser Regel gibt es Ausnahmen, die hier nicht erläutert werden.) Der Typ Character darf nur allein in einer Liste auftreten. Größen aus Parameterlisten und der folgenden EQUIVALENCE-Anweisung dürfen nicht in einer COMMON-Liste erscheinen.

Beispiel:

Die 1. Programmeinheit enthält   COMMON A, N, C(3)
Die 2. Programmeinheit enthält   COMMON ALPHA, M, X, Y, Z

Die folgenden Variablen belegen die gleichen Zellen, was hier durch ein Gleichheitszeichen zum Ausdruck gebracht wird:

A = ALPHA   N = M   C(1) = X   C(2) = Y   C(3) = Z

Enthält eine 3. Programmeinheit nur eine Größe L, die mit M und N gleichgesetzt werden soll, so muß bei einer unbenannten COMMON-Anweisung diese Liste ebenfalls aus 5 Elementen bestehen. Für die restlichen Größen werden Leernamen eingeführt.

Die 3. Programmeinheit enthält   COMMON XAX, L, YAY(3)

Beispiel 51. G̲l̲ä̲t̲t̲e̲n̲ v̲o̲n̲ M̲e̲ß̲w̲e̲r̲t̲e̲n̲.
Dies ist eine einfache Form der Ausgleichungsrechnung. Die gemessenen y_i-Werte werden mit folgender Formel geglättet

$$\bar{y}_i = (y_{i-1} + 2\,y_i + y_{i+1})/\,4$$

Der erste und der letzte Wert können nicht geglättet werden. Dieses Glätten soll in einem UP durchgeführt werden. Ihm wird aber nur der Index i übergeben. Die Meßwerte und ihre Anzahl befinden sich im COMMON-Bereich. Die Meßwerte sind als zweispaltige Matrix gespeichert. K = 1 bedeutet einen x-Wert, K = 2 einen y-Wert. Im HP werden die Meßwerte eingelesen, das UP aufgerufen und schließlich die x-Werte sowie die ungeglätteten und geglätteten y-Werte gedruckt.

```
* HP GLAETTEN UND LISTE
*
      PROGRAM HPGL
      DIMENSION YG(50)
      COMMON M, XY(50,2)
*
* EINLESEN VON COMMON
      DO 10 I = 1, 50
   10 READ (*,*, END = 20) XY(I,1), XY(I,2)
   20 M = I-1
*
* ERSTER UND LETZTER WERT
      YG(1) = XY(1,2)
      YG(M) = XY(M,2)
* GEGLAETTETE WERTE
      DO 30 I = 2, M-1
   30 YG(I) = UPGL(I)

      WRITE(*, 100) (XY(I,1),
     1 XY(I,2), YG(I), I = 1, M)
  100 FORMAT(F20.2, 2F10.5)
      END
```

Man beachte, daß in der Anw.Nr. 30 des HP die Größe I links ein Index, rechts ein Parameter ist.

```
* UP GLAETTEN
*
      FUNCTION UPGL(I)
      COMMON M, XY(50, 2)
      UPGL = 0.25 * (XY(I-1,2) +
     1 2.*XY(I,2) + XY(I+1,2))

      END
```

Bei der benannten COMMON-Anweisung werden Listen unter einem
Namen zusammengefaßt. Hierfür gibt es folgende Anwendungen:

1. In verschiedenen Programmeinheiten werden unterschiedliche
   Teilmengen aller Variablen benötigt.
2. Für Character-Größen muß ein eigener Block definiert werden.
3. Größen in einer COMMON-Liste können nicht mit der DATA-Anweisung initialisiert werden. Hierfür gibt es das in Abschn.
   7.5 behandelte BLOCK DATA UP. Es erfordert die benannte
   COMMON-Anweisung.

Beispiel: Die folgenden Anweisungen haben die gleiche Wirkung
wie die des Formalbeispiels auf S. 162

1. Programmeinheit   COMMON /BLK1/ N   /BLK2/ A, C(3)
2. Programmeinheit   COMMON /BLK1/ M   /BLK2/ ALPHA, X, Y, Z
3. Programmeinheit   COMMON /BLK1/ L

Beispiel 52. COMMON-Blöcke.
Bild 37 zeigt die Wirkung der folgenden COMMON-Anweisungen.

HP
CHARACTER * 80 TEXT
COMMON M, N, A(100)
COMMON /BLKA/ TEXT

UP1
CHARACTER * 80 LISTE
COMMON MU1, NU1, B(100)
COMMON /BLKA/ LISTE /BLKB/ X, Y, Z

UP2
COMMON MU2, NU2, C(100)
COMMON /BLKB/ U, V, W

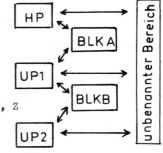

Bild 37 COMMON-Blöcke

EQUIVALENCE-Anweisung

Mit dieser Anweisung werden in <u>einer</u> Programmeinheit Variable mit verschiedenen Namen in einer Zelle gespeichert. Sie wird vorwiegend benutzt, wenn von verschiedenen Bereichen einzelne nur in bestimmten Teilen einer Programmeinheit benötigt werden und dann überschrieben werden können. Da dies aber eine häufige Fehlerquelle ist und das Sparen von Speicherplatz heute nicht mehr so dringlich ist wie früher, wird auf diese Anweisung nur kurz eingegangen. Sie hat die Form

> EQUIVALENCE (Liste), (Liste), ...

Die in einer Liste stehenden Größen werden in der gleichen Zelle gespeichert.

Beispiel: Hat man am Anfang eines Programms eine Größe PHI genannt und später mehrfach versehentlich PSI, so kann dies durch   EQUIVALENCE (PHI, PSI)   ausgeglichen werden.

Bereiche sind zunächst in einer anderen Spezifikationsanweisung zu vereinbaren. In der Liste werden indizierte Variable mit konstanten Indexwerten aufgeführt. Das hat folgende Wirkung: Es werden gesamte Bereiche gleichgesetzt. Die angegebenen Variablen wirken als gemeinsamer "Koordinatenursprung", d.h. ausgehend von diesen gemeinsamen Zellen werden auch alle anderen Zellen gleichgesetzt.

Beispiel:
DIMENSION A(5), B(3), C(2)   B e l e g u n g

EQUIVALENCE (A(5), B(3), C(2))
Die Zellen A(1) und A(2)
stehen während des gesamten
Programms zur Verfügung.

$$\begin{matrix} A(1) \\ A(2) \\ A(3) = B(1) \\ A(4) = B(2) = C(1) \\ A(5) = B(3) = C(2) \end{matrix}$$

EQUIVALENCE (A(1), B(1)), (A(4), C(1))

Dies ist sinnvoll, wenn der Bereich A nur im ersten und die Bereiche B und C nur im zweiten Teil einer Programmeinheit benötigt werden. Dann spart diese Anweisung 50% Speicherplatz.

$$\begin{matrix} A(1) = B(1) \\ A(2) = B(2) \\ A(3) = B(3) \\ A(4) = C(1) \\ A(5) = C(2) \end{matrix}$$

7.5 BLOCK DATA UNTERPROGRAMM

Die Variablen eines Programmes können mit der in Abschn. 5.6.1
behandelten DATA-Anweisung initialisiert werden. Bei den Elementes eines benannten COMMON-Blocks ist dies nur mit dem
folgenden UP möglich.

> BLOCK DATA [Name]
> Anweisungen
> END

Ein UP-Name ist nur erforderlich, wenn mehrere BLOCK DATA
UP'e benutzt werden. Das UP darf nur folgende Anweisungen
enthalten:

Typvereinbarungen, PARAMETER, DIMENSION, COMMON (benannt),
EQUIVALENCE, DATA

Im einfachsten Fall enthält es eine benannte COMMON- und eine
DATA-Anweisung. Es wird im HP nicht aufgerufen.

Beispiel 53. Glätten von Meßwerten.
Hier werden die Meßwerte von Beisp. 51, S. 163 nicht eingelesen, sondern über ein BLOCK-DATA UP gespeichert.

```
* GLAETTEN VON MESSWERTEN, DATEN
      BLOCK DATA
      COMMON /MESSW/ M, XY(50,2)
      DATA M, ((XY(I,K), K=1,2), I=1,5)
     1 / 5, 1., 1., 2., 5., 3., 9., 4., 15., 5., 20. /
      END

      PROGRAM HPGL
      DIMENSION YG(50)
      COMMON /MESSW/ M, XY(50,2)
*
*   ERSTER UND LETZTER WERT
      YG(1) = XY(1,2)
      YG(M) = XY(M,2)
*   GEGLAETTETE WERTE
      DO 30 I = 2, M-1
   30 YG(I) = UPGL(I)

      WRITE(*, 100) (XY(I,1),
     1 XY(I,2), YG(I), I = 1, M)
  100 FORMAT(F20.2, 2F10.5)
      END
```

7.6 Aufgaben

39. Speicherung. Von zwei Variablen befindet sich eine in einem HP und die andere in einem dazugehörigen externen Funktions-UP. Unter welchen Voraussetzungen belegen sie die gleichen Speicherzellen ?
a) Beide Variable haben den gleichen Namen.
b) Beide Variablen haben verschiedene Namen.

40. Zufallszahlen. Welche Wirkung (welchen Zweck) hat das nachstehende Programm ? Hinweis: s. Beisp. 48, S. 156.

```
      PROGRAM HPZU
      INTEGER A(0:9), B(0:9)
      DATA B, J / 10*0, 17 /
*
      DO 10 I = 0, 9
   10 A(I) = I
*
      DO 20 I = 1, 1000
      CALL ZUF(J, K, 0, 9)
      B(K) = B(K) + 1
   20 CONTINUE
      WRITE(*, '(10I5)') A, B
      END
```

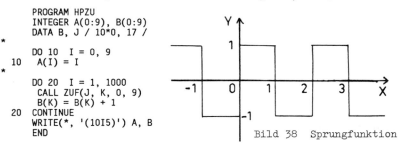

Bild 38 Sprungfunktion

41. Sprungfunktion.
a) Es ist ein UP zu schreiben, das für einen Eingangsparameter x den Wert der durch Bild 38 definierten Sprungfunktion liefert. Hinweis: für ganzzahlige x ist y = 0.

b) In einem HP sind x-Werte einzulesen und jeweils x und y auszugeben.

42. Dritte Wurzel aus einer komplexen Zahl.
Der FORTRAN-Ausdruck Z ** 0.33333 liefert für ein komplexes Z nur eine Lösung (für k = 0). Bekanntlich hat aber eine n-te Wurzel n verschiedene Lösungen. Diese sollen für n=3 berechnet werden. Es sind mehrfach Realteil a und Imaginärteil b einer komplexen Zahl einzugeben. a = b = 0 bedeutet Programmende. Nach jeder Eingabe sind die drei Lösungen in der Komponentenform zu berechnen und zu drucken.

Hinweise: $z = a + jb = r \exp(j\varphi)$

$\sqrt[3]{z} = \sqrt[3]{r} \exp(j(\varphi + 2\pi k)/3)$ mit $k = 0, 1, 2$

Die Umrechnungen von der Komponenten- in die Exponentialform und umgekehrt sind mit zwei UP'en durchzuführen. Siehe Aufg. 23, S. 118 und Beisp. 46, S. 155.

43. Tafel einer F̲u̲n̲k̲t̲i̲o̲n̲ ̲u̲n̲d̲ ̲i̲h̲r̲e̲r̲ ̲I̲n̲t̲e̲g̲r̲a̲l̲f̲u̲n̲k̲t̲i̲o̲n̲.

a) Es ist ein Funktions-UP zu schreiben, das für eine beliebige, im Intervall [a, b] integrierbare Funktion, die durch eine Funktionsgleichung darstellbar ist, mit der Simpson-Regel das bestimmte Integral berechnet.

$$\int_a^b f(x)\, dx = \frac{h}{3}(y_0 + 4y_1 + 2y_2 + 4y_3 + \ldots 4y_{n-1} + y_n)$$

Hinweise: Die Integration ist mit drei Ordinaten und der Streifenbreite $h = (b-a)/2$ zu beginnen. Dann ist die Streifenbreite laufend zu halbieren. Dabei ist zu beachten, daß einmal berechnete Ordinaten erhalten bleiben. Man mache sich das Bildungsgesetz der vorstehenden Summe beim laufenden Halbieren an einer Skizze klar.

Das Integral gilt als gefunden, wenn der Absolutwert des relativen Fehlers zweier aufeinanderfolgender Integralwerte $|(I_1 - I_2)/I_2| < 10^{-5}$ ist.

b) Unter Verwendung dieses UP'es ist ein HP zu schreiben, mit dem für eine beliebige Integrandenfunktion, die den vorstehenden Voraussetzungen genügt und ebenfalls durch ein Funktions-UP dargestellt werden kann, eine Tafel dieser Funktion sowie eine Tafel der Integralfunktion berechnet und ausgegeben werden. Die Grenzen der Tafeln x_{min} und x_{max} sowie die Schrittweite Δx werden eingegeben.

Hinweise: Es ist nicht erforderlich, für jeden Wert $I(x_i)$ das Integral $I(x_i) = \int_{x_{min}}^{x_i} f(x)\, dx$ zu bilden, sondern man berechnet einfacher nur $\Delta I(x_i) = \int_{x_{i-1}}^{x_i} f(x)\, dx$ und daraus $I(x_i) = I(x_{i-1}) + \Delta I(x_i)$

44. Zeilen- und Spaltensummen einer Matrix.
a) Im Zentralspeicher befindet sich eine Matrix A mit m Zeilen und n Spalten (m, n < 10). Mit einem UP soll eine Matrix B mit m+1 Zeilen und n+1 Spalten erzeugt werden. Die ersten m und n Reihen von A und B stimmen überein. Die Elemente der m+1 Zeile von B sind die entsprechenden Spaltensummen und die Elemente der n+1 Spalte von B die entsprechenden Zeilensummen der Matrix A.

b) In einem HP ist die Matrix A einzulesen, mit dem vorstehenden UP die Matrix B zu bilden. Dann ist B auszugeben. Die E/A kann mit den in Beisp. 49, S. 158 gezeigten UP'en erfolgen.

45. Simulation einer Warteschlange.
Das folgende einfache Modell trifft z.B. bei Skiliften zu. Beim Telefon oder bei Rechenanlagen unterliegt auch der Abgang einer Wahrscheinlichkeitsverteilung.

Die Anzahl der Zugänge pro Zeiteinheit zu einer Anlage unterliegt statistischen Schwankungen. Im Durchschnitt verlangt in einem Zeitintervall von $0 < \Delta T_{ein} \leq 10$ Zeiteinheiten 1 Element Zugang zu der Anlage. Die Anzahl der Zugänge pro Zeiteinheit schwankt aber. Mit Hilfe der Poisson-Verteilung ergibt sich für die Wahrscheinlichkeit p, daß n Elemente in einer Zeiteinheit eintreffen [4]

$$p(n, \Delta T_{ein}) = \frac{\mu^n}{n!} e^{-\mu} \quad \text{mit} \quad \mu = 1/\Delta T_{ein}$$

Im folgenden interessiert die Wahrscheinlichkeit, daß höchstens n Elemente eintreffen. Sie beträgt

$$F(n, \Delta T_{ein}) = \sum_{i=0}^{n} p(n, \Delta T_{ein})$$

So bedeutet z.B. der Wert von F(2, 3) die Wahrscheinlichkeit, daß in einer Zeiteinheit 0 oder 1 oder 2 Elemente eintreffen, wenn durchschnittlich 1 Element in einem Intervall von 3 Zeiteinheiten eintrifft.

Diese Funktion F(n, ΔT_{ein}) ist in einem UP zu berechnen.
Eingangsparameter ist ΔT_{ein}, das UP soll die Funktionswerte
für n = 0, 1, 2, 3, 4, 5 liefern. (Diese Werte genügen, weil
$\Delta T_{ein} \geq 1$ ist).

Der tatsächliche Zugang wird im HP durch Erzeugen von Zufallszahlen simuliert. Dazu ist das in Beisp. 48, S. 156 gezeigte
UP so zu ändern, daß Zufallszahlen im Intervall $0 \leq Z < 1$
entstehen. Für jede Zeit_ein_heit ist eine Zufallszahl zu erzeugen. Wenn

$Z \leq F(0, \Delta T_{ein})$ ist kein Element eingetroffen
$Z \leq F(1, \Delta T_{ein})$ ist ein Element eingetroffen
$Z \leq F(2, \Delta T_{ein})$ sind 2 Elemente eingetroffen
....
$Z > F(5, \Delta T_{ein})$ sind 6 Elemente eingetroffen.

Auf diese Weise wird die Warteschlange aufgebaut.

Der Abbau der Schlange erfolgt der Einfachheit halber so, daß
am Ende jedes Zeit_inter_valls $0 < \Delta T_{aus} \leq 10$ genau ein Element abgefertigt wird. (Auch hier könnte man eine Wahrscheinlichkeitsverteilung ansetzen).

Es ist eine Tafel auszugeben, in der für die Zeiten $k \cdot \Delta T_{aus}$
mit k = 1, 2, .. 100 die jeweilige Länge der Schlange angegeben wird. Es sind fünf Doppelzeilen mit jeweils 20 Werten
auszugeben. In den oberen Zeilen stehen die k-Werte und in
den unteren die entspr. Längen. Eingabe: ΔT_{ein} und ΔT_{aus}
als Integerzahlen.

Anmerkungen: Wenn $\Delta T_{ein} < \Delta T_{aus}$ entsteht selbstverständlich
eine ständig wachsende Schlange. Selbst in dem theoretisch
schwierigen Grenzfall $\Delta T_{ein} = \Delta T_{aus}$ kann eine wachsende
Schlange entstehen, dies hängt von den Werten von ΔT ab.

8 DATEIVERARBEITUNG

Dieser Abschnitt ist eine Weiterführung des Abschn. 5.6.2. Insbesondere werden die Ausführungen der S. 94 bis 96 als bekannt vorausgesetzt. Außer der Beschreibung der einschlägigen FORTRAN-Anweisungen können nur einige einfache Beispiele gebracht werden. Insbesondere muß für die Fragen der zweckmäßigen Dateiorganisation auf die Speziallitatur [18],[19] verwiesen werden. Drei wichtige Beurteilungskriterien von Dateien seien genannt: 1. Das Zugriffsverfahren (sequentiell, direkt); 2. die Art des Änderungsdienstes (Einfügen und Löschen von Elementen); 3. die Speicherausnutzung. Ähnlich wie bei den Qualitätsmerkmalen von Programmen (Abschn. 4.4.2) schließt sich hier oft die gleichzeitige Optimierung der Ziff. 2 und 3 aus. Ferner empfiehlt es sich, über den Aufbau und Inhalt einer Datei Protokoll zu führen. Wichtige Daten wie Anzahl und Länge der Sätze werden oft im 1. Satz gespeichert. Bei manchen Rechnern sind außer den hier erläuterten FORTRAN-Anweisungen zum Aufbau und zur Benutzung von Dateien noch Kommandos der Steuersprache (s.Abschn. 2.2.2) erforderlich.

8.1 ÖFFNEN UND SCHLIESSEN

Ehe eine Datei in einem Programm benutzt werden kann, muß sie mit der folgenden Anweisung eröffnet werden. Damit werden die Eigenschaften der Datei beschrieben und eine Verbindung zwischen dem im peripheren Speicher gültigen Dateinamen und der im weiteren Programm zu benutzenden Dateinummer hergestellt. Es empfiehlt sich, als Dateinummer nicht eine der feststehenden Nummern für die E/A Geräte zu wählen. In diesem Falle kann dieses Gerät in diesem Programm nur für diese Datei und zu keiner anderen E/A Operation benutzt werden. Die Anweisung zum Eröffnen einer Datei lautet `OPEN(Liste)`

Die Liste enthält folgende Elemente:

[UNIT =] u   u ist ein pos. Integerausdruck. Er bezeichnet die Nummer einer externen Datei. Wenn [UNIT =] fehlt, muß u das 1. Element der Liste sein.

FILE = Characterausdruck Er bedeutet den Dateinamen gemäß den
                          Regeln für Namen auf S. 77. Er ist
                          global.
Auch die folgenden Parameter sind Characterausdrücke, die den
jeweils angegebenen Wert haben müssen.

STATUS =
- 'NEW'   für eine Datei, die in diesem Programm
              neu eingelesen wird. Ihr Name darf
              noch nicht existieren.
- 'OLD'   für eine Datei, die sich bereits auf
              einem peripheren Speicher befindet.
- 'SCRATCH'   für eine Datei, die beim Schließen
              auch gelöscht wird. Sie darf keinen
              Namen haben, d.h. das Element FILE =
              entfällt.

ACCESS =
- 'SEQUENTIAL' für sequentiellen Zugriff.
- 'DIRECT'   für direkten Zugriff. Die Zugriffs-
                art wird beim ersten Einlesen fest-
                gelegt und kann später nicht mehr
                geändert werden.

FORM =
- 'FORMATTED'   formatierte Datei.
- 'UNFORMATTED' formatfreie Datei.

RECL = pos. Integerausdruck., er gibt für Dateien mit direktem
Zugriff die für alle Sätze gleiche Länge an. Bei formatierten Dateien ist diese Länge in Zeichen (bytes) anzugeben; bei formatfreien Dateien ist die für jedes Feld
benötige Anzahl von bytes zu ermitteln. Z.B. für eine
Integerzahl 4 bytes, s. Abschn. 5.2.1.

Bei Dateien mit sequentiellem Zugriff kann mit einem Steuer-
kommando entschieden werden, ob die Satzlänge fest oder va-
riabel sein soll.

Es gibt noch weitere Listenelemente. Außer den beiden ersten
und dem letzten dürfen die anderen entfallen, dann werden
anlagenabhängige Werte gewählt.

Beispiel: OPEN(UNIT=10, FILE='KUNDEN', STATUS='OLD',
          1 ACCESS='DIRECT', FORM='UNFORMATTED', RECL=44)

Die bereits gespeicherte Datei 'KUNDEN' wird der Nummer 10
zugeordnet. Sie ist formatfrei, mit direktem Zugriff und hat
eine Satzlänge von 44 bytes.

            OPEN(UNIT=20, STATUS='SCRATCH',
          1 ACCESS='SEQUENTIAL', FORM='UNFORMATTED')

Datei Nr. 20 ist eine temporäre formatfreie Datei mit
sequentiellem Zugriff.

Das Schließen einer Datei ist nur erforderlich, wenn innerhalb eines Programms

1. eine Datei neu aufgebaut und dann gelesen wird, oder
2. eine Datei mit dem Status 'OLD' oder 'NEW' gelöscht werden soll, oder
3. in einem Programm die Zuordnung zwischen Dateinummer und -name geändert werden soll.

Mit dem Programmende werden alle Dateien automatisch geschlossen, d.h. die Zuordnung zwischen Dateinummer und -name wird aufgehoben. Beim Status SCRATCH wird auch gelöscht.

Die Anweisung zum Schließen einer Datei lautet $\boxed{\text{CLOSE(Liste)}}$

Die Liste enthält folgende Elemente:

[UNIT =] u   wie in der OPEN-Anweisung

STATUS = $\begin{bmatrix} \text{'KEEP'} & \text{die Datei bleibt erhalten.} \\ \text{'DELETE'} & \text{die Datei wird gelöscht.} \end{bmatrix}$

Beispiel: CLOSE(10, STATUS='DELETE')
Die Kunden-Datei des vorigen Formalbeispiels wird gelöscht.

8.2 ANWEISUNGEN FÜR SEQUENTIELLE DATEIEN

Die folgenden Anweisungen sind ein historisches Relikt aus der Magnetbandzeit. Wegen ihrer Kürze werden sie heute noch gern verwendet. Die Wirkung der beiden ersten Anweisungen überschneidet sich mit der der CLOSE-Anweisung. Sie werden automatisch am Programmende ausgeführt und haben dann die gleiche Wirkung wie CLOSE. Werden sie innerhalb eines Programms ausgeführt, wird dadurch die Zuordnung zwischen Dateiname und -nummer nicht aufgehoben. u ist die Dateinummer wie bei OPEN und CLOSE.

$\boxed{\text{ENDFILE u}}$ Es wird die EOF-Marke gesetzt. Diese Anweisung ist insbesondere zu geben, wenn im gleichen Programm eine sequentielle Datei neu aufgebaut und anschließend gelesen werden soll.

| REWIND u | Die Datei wird auf ihren Anfang zurückgesetzt. Anwendung wie bei ENDFILE. |

| BACKSPACE u | Die Datei wird um einen Satz zurückgesetzt. Soll sie um n Sätze zurückgesetzt werden, so ist diese Anweisung n mal zu geben. |

Ein Vorsetzen um einen Satz erreicht man mit einer READ-Anweisung ohne E/A Liste.

8.3 LESEN UND SCHREIBEN

Es werden die READ/WRITE-Anweisungen des Abschn. 5.6.2 benutzt. Für u ist die in der OPEN-Anweisung definierte Dateinummer einzusetzen. Bei einer Datei mit sequentiellem Zugriff wird der "nächste Satz" übertragen, bei einer Datei mit <u>direktem Zugriff</u> ist in der Steuerliste REC = pos. Integerausdruck anzugeben. Dieser Ausdruck bedeutet die Nummer des nächsten zu übertragenden Satzes.

Beispiel: DO 20 I = 1, 10
         20 READ(10, REC = 2 * I) LISTE(I)

Von der Datei Nr. 10 werden die Sätze Nr. 2, 4, 6, ... 20 gelesen und als Elemente des Bereichs LISTE gespeichert. Häufig ist Liste vom Typ Character. Die Übertragung ist formatfrei.

8.4 ABFRAGE

Mit der folgenden Anweisung können gewisse Eigenschaften einer Datei abgefragt werden. Sie tritt in zwei Formen auf:

| Abfrage nach Nummer | INQUIRE([UNIT =] u, Liste) |
| Abfrage nach Namen | INQUIRE(FILE = 'Name', Liste) |

Die Listenelemente haben die Form   Schlüsselwort = Variable

In die Variable wird gespeichert, was in der OPEN-Liste nach dem Schlüsselwort anzugeben ist, sie muß vom entspr. Typ sein. Die Schlüsselworte ACCESS, FORM, RECL haben die gleiche Bedeutung wie in der OPEN-Anweisung. Statt UNIT, FILE und STATUS sind die folgenden Schlüsselworte zu benutzen:

```
NUMBER = Integervar.     Gibt eine unbekannte Dateinummer
NAME   = Charactervar.   Gibt einen unbekannten Dateinamen
EXIST  = log. Variable   Ist die Datei vorhanden ?
```
Es gibt noch weitere Schlüsselworte.

```
Beispiel: LOGICAL STAT
          CHARACTER*15 ZUGR, FORMA
          INQUIRE(FILE='KUNDEN', NUMBER=NR, EXIST=STAT,
         1        ACCESS=ZUGR, FORM=FORMA, RECL=L)
```
Für die Kunden-Datei des Formalbeispiels auf S. 172 ergeben sich nach Ausführung dieser Anweisung folgende Werte:

NR=10   STAT=T   ZUGR='DIRECT'   FORMA='UNFORMATTED'   L=44

8.5 BEISPIELE

Beim Arbeiten mit Bildschirm oder Drucker entspricht ein Satz einer Zeile. Beim Arbeiten mit peripheren Speichern ist es zur Einsparung von Rechenzeit im allg. zweckmäßig, mehrere Zeilen zusammenzufassen und diese mit einer E/A Anweisung zu übertragen. Im Sinne der FORTRAN-Terminilogie heißt diese größere Einheit ebenfalls "Satz", weil sie mit _einer_ E/A Anweisung übertragen wird. Der Deutlichkeit halber spricht man dann von "Platten- " bzw. "Bandsätzen". Letztere werden in der kaufmännischen DV meist "Blöcke" genannt.

Beispiel 54. Aufbau_einer_sequentiellen_Datei.
Diese Datei besteht aus maximal 2000 Zeilen. Mit der Schleife DO 10 werden jeweils 20 Zeilen als Elemente des Bereichs BLOCK über ein Standardgerät eingelesen. Dann wird dieser Block (Bandsatz) mit der Anweisung WRITE(10) formatfrei in die Datei Nr. 10 übertragen. Das erste Element jedes Blocks ist die für viele Zwecke benötigte Blockadresse. Wenn die Datei benutzt wird, muß man den Aufbau der Sätze kennen, d.h. man muß wissen, daß hier jeder Block mit einer Integerzahl beginnt und dann Charaktergrößen im Format A80 enthält. Siehe die WRITE-Anw. vor Nr. 50.

Ferner ist es günstig, wenn alle Blöcke die gleiche Länge haben. Hierzu dient die Schleife DO 40. Der letzte Block wird ggf. mit blanks aufgefüllt. Anschließend wird die Datei geschlossen, zurückgesetzt und zur Kontrolle gelesen.

Beispiel 55. Mischen zweier Dateien.
Für die Problemstellung wird auf Beisp. 12, S. 71 verwiesen. Die Kundennummern sind als Character-Größen gespeichert und werden als Teilstrings in die Zellen KBEW und KSTA gebracht. Die Vergleiche können auch in dieser Form durchgeführt werden.

Beispiel 56. Direkter Zugriff.
Im ersten Programmteil wird nochmals der Aufbau einer Datei gezeigt. Jeder Satz besteht aus einer Integerzahl (die nicht die Satzadresse ist) und einem Text von 40 Zeichen. Wegen des darauffolgenden Lesens wird die Datei geschlossen und wieder eröffnet. Nun werden beliebige Satzadressen eingegeben und der betr. Satz wird gelesen und über ein Standardgerät ausgegeben.

```
*     DIREKTER ZUGRIFF
*
      PROGRAM DIREKT
      INTEGER SATZNR
      CHARACTER TEXT*40
      OPEN(UNIT=10,FILE='KUNDEN',STATUS='NEW',
     1 ACCESS='DIRECT',RECL=44,FORM='UNFORMATTED')
*
      DO 10  I = 1, 100
       READ(*,*, END=20) KDNR, TEXT
       WRITE(10, REC=I) KDNR, TEXT
   10 CONTINUE
*
   20 I = I -1
      WRITE(*, 100) I
  100 FORMAT('DIE DATEI ENTHAELT',I3, ' SAETZE')
      CLOSE(UNIT=10,STATUS='KEEP')
*
      OPEN(UNIT=10,FILE='KUNDEN',STATUS='OLD',
     1 ACCESS='DIRECT',RECL=44,FORM='UNFORMATTED')
   30 READ(*,*, END=40) SATZNR
      IF(SATZNR .GT. I) THEN
       PRINT*, 'DIESER SATZ IST NICHT VORHANDEN.'
      ELSE
       READ(10, REC=SATZNR) KDNR, TEXT
       WRITE(*, '(I5, A40)') KDNR, TEXT
      END IF
*
      GOTO 30
   40 END
```

54. GEBLOCKTE SAETZE AUF BAND
    *
```
      PROGRAM BAND
      CHARACTER*80 BLOCK(20), LETZT
      DATA LETZT /' '/

      OPEN(UNIT=10, FILE='NAMEN', STATUS='NEW',
     1 ACCESS='SEQUENTIAL',FORM='UNFORMATTED')

      DO 20 I = 1, 100
         DO 10 J = 1, 20
            READ(*,*, END = 30) BLOCK(J)
   10    CONTINUE
         WRITE(10) I, BLOCK
   20 CONTINUE
*     SCHREIBEN DES LETZTEN BLOCKS
   30 DO 40 K = J, 20
         BLOCK(K) = LETZT
   40 CONTINUE
      WRITE(10) I, BLOCK
      ENDFILE 10
*     LESEN UND DRUCKEN
      REWIND 10
      DO 50 L = 1, I
         READ(10) NR, BLOCK
         WRITE(*, '(I4 / (2X,A80))') NR, BLOCK
   50 CONTINUE

      END
```

55. MISCHEN ZWEIER DATEIEN
```
      CHARACTER*80 STSATZ,BSATZ,KSTA*6,KBEW*6
      OPEN(UNIT=1,FILE='STAMM',STATUS='OLD',
     1 ACCESS='SEQUENTIAL',FORM='FORMATTED')
      OPEN(UNIT=2,FILE='BEW',STATUS='OLD',
     1 ACCESS='SEQUENTIAL',FORM='FORMATTED')
      REWIND 1
      REWIND 2
      KSTA = '0'
*
*     BEW.SATZ LESEN UND SCHREIBEN,
*     FALLS STAMMSATZ BEREITS GESCHRIEBEN.
   10 READ(2, '(A80)', END=50) BSATZ
      KBEW = BSATZ(1:6)
      IF(KSTA.NE.KBEW) GOTO 20
      WRITE(*,'(6X,A74)') BSATZ(7:80)
      GOTO 10
*
*     STAMMSATZ SUCHEN
   20 READ(1, '(A80)', END=40) STSATZ
      KSTA = STSATZ(1:6)
      IF(KSTA.LT.KBEW) GOTO 20
*
*     STAMMSATZ UND 1. BEW.SATZ DER
*     NEUEN GRUPPE SCHREIBEN
      IF(KSTA.GT.KBEW) GOTO 30
      PRINT*, STSATZ
      WRITE(*,'(6X, A74)') BSATZ(7:80)
      GOTO 10
*
*     FEHLERAUSGAENGE
   30 WRITE(*, '(/ A26 / A20)')
     1 'STAMMDATEI NICHT VOLLST.',' ODER SORTIERFEHLER.'
      GOTO 60
   40 WRITE(*, '(/ A24 )') 'STAMMDATEI NICHT VOLLST.'
      GOTO 60
   50 WRITE(*, '(/ A15 )') 'ENDE BEW. DATEI'
   60 WRITE(*, '(/ A12 )') 'PROGRAMMENDE'
      END
```

8.6 AUFGABEN

46. Lesen einer Datei. Die Daten des Sortierprogramms Beisp. 33, S. 127 befinden sich auf einer unformatierten sequentiellen Datei SORDAT. Sie besteht aus maximal 5 Sätzen zu je 100 Integerzahlen.

Der Anfang des vorstehend genannten Sortierprogramms ist neu zu schreiben, so daß der Anschluß an die Anweisung
WRITE(* , 110) N entsteht.

Wenn die Anzahl der vorhandenen Sätze und die Länge des letzten Satzes nicht bekannt sind, kann man folgendermaßen vorgehen: Beim Aufbau der Datei wird am Ende des letzten Satzes vor dem EOF-Zeichen eine Zahl gespeichert (hier 10000), die ebenfalls als Datenende gilt. (Es sind also maximal nur 499 Datenwerte vorhanden). Die Sätze werden gelesen, bis man auf das EOF-Zeichen stößt. Nun müssen noch die Elemente des letzten Satzes gezählt werden. Dies geschieht durch eine Abfrage auf (hier) 10000.

47. Matrizenaddition. Umfangreiche Matrizen haben nicht im Zentralspeicher Platz. Deshalb wird jede Zeile als Satz einer Datei gespeichert. Zwei Matrizen sind in dieser Form sequentiell unformatiert gespeichert. Der erste Satz jeder Datei enthält die Zeilen- und Spaltenanzahl.

Die beiden Matrizen sind zeilenweise einzulesen. Aus jeder Zeile ist die entspr. Zeile der Summenmatrix $C = A + B$ zu bilden. Diese Zeile ist als Satz einer weiteren Datei zu speichern.

48. Mischen zweier Dateien. Die Stamm- und Bewegungsdatei des Beisp. 55, S. 176 sollen zu einer dritten Datei gemischt werden. Diese Datei soll für jeden Kunden zunächst seinen Stammsatz und dann sämtliche Bewegungssätze enthalten.

49. Sequentielles Suchen.

a) Es ist eine sequentielle Datei aus 10 Sätzen zu erzeugen. Jeder Satz besteht aus einem Namen aus maximal 20 Zeichen und einer Zahl (z.B. Telephonnummer) aus maximal 10 Zeichen.

Beide Größen sind als Charactergrößen linksbündig im Format A20, A10 einzugeben.

b) Nun werden beliebige Namen eingegeben. Es ist zu prüfen, ob sich dieser Name in der Datei befindet. Dazu ist die Datei jedesmal satzweise von vorn zu lesen. (In Wirklichkeit hat die gesamte Datei nicht im Zentralspeicher Platz). Bei "ja" sind der gefundene Name und die Nummer zu drucken, andernfalls ist zu drucken "Name nicht vorhanden".

50. <u>Bin</u>äre<u>s</u> <u>Such</u>en. Dieses Verfahren spielt in der Praxis eine wichtige Rolle. Es wird angewandt, wenn in einer Datei mit direktem Zugriff der sortiert vorliegende Ordnungsbegriff nicht mit den (laufend numerierten) Satzadressen übereinstimmt. Der Einfachheit halber werden hier noch folgende Voraussetzungen gemacht: die kleinste und die größte Satzadresse MIN und MAX des Suchbereiches sind bekannt. Der Ordnungsbegriff besteht aus positiven Integerzahlen. Der gesuchte Ordnungsbegriff ist in der Datei enthalten.

Verfahren: Aus MIN und MAX wird die mittlere Adresse MITTEL als arithmetisches Mittel (Integer) berechnet. Der Satz MITTEL wird gelesen und der dortige Ordnungsbegriff NRDAT mit dem gesuchten NRSUCH verglichen. Ist NRDAT < NRSUCH, so liegt NRSUCH in der "oberen" Hälfte der Datei. Diese Hälfte wird wieder halbiert und der mittlere Satz gelesen. Von dieser laufenden Halbierung stammt der (nicht sehr glücklich gewählte) Namen des Verfahrens.

Beispiel: NRSUCH = 215   1.   3.   2. Suchschritt
                              ↓   ↓   ↓
Satzadressen   1   2   3   4   5   6   7   8   9   10
NRDAT   147 188 210 211 213 215 220 225 226 228

Beim 1. Suchschritt ist MITTEL = (1 + 10)/2 = 5

Der letzte Satz kann mit diesem einfachen Verfahren nicht gefunden werden. Er muß deshalb eine NRDAT tragen, die größer als alle gesuchten ist.
Die vorstehende Datei wurde im Beisp. 56, S. 176 eingelesen.
Hier ist ein Programm für das binäre Suchen zu schreiben.

9 TESTEN VON PROGRAMMEN

Verfahren, mit denen man die Korrektheit (Fehlerfreiheit) eines Programmes beweisen kann, sog. Verifikationsverfahren, befinden sich noch in der Entwicklung. Deshalb hilft man sich heute meist mit einem "indirekten Beweis": man prüft, ob das Programm Fehler enthält. Dabei ist nicht auszuschließen, daß bei diesem "Testen" Fehler unentdeckt bleiben. Der Arbeitsaufwand für das Testen wird vom Anfänger stets unterschätzt. Er liegt bei 50 % der Gesamtarbeitszeit. Außerdem neigt der Anfänger schnell dazu, bei einer vergeblichen Suche nach einem erkannten Fehler die "Schuld" dem Rechner zu geben. Hardware- und Softwarefehler sind äußerst selten und wirken sich insbesondere auch bei anderen Programmen aus.

Wenn ein Programm zum ersten Male übersetzt wird, gibt der Rechner je nach Sorgfalt des Programmierers eine mehr oder weniger lange Liste von formalen Fehlern aus (s. Abschn. 4.2.3). Eine lange Liste muß nicht immer zahlreiche unabhängige Fehler enthalten. Oft verursacht ein Fehler zahlreiche Folgefehler, die mit Beseitigung des ersten automatisch verschwinden. Auch bei der Ausführung des Programms können weitere Fehler angezeigt werden, die oft mit falscher Dateneingabe zusammenhängen, insbesondere wenn eine formatgebundene Eingabe verlangt wird. Auch eine Division durch Null kann z.B. erst bei der Ausführung erkannt werden.

Der schwierigste Teil des Testens beginnt, wenn keine Fehler mehr angezeigt werden. Die Mindestanforderung an einen Test besteht darin, daß das ausführbare Programm (HP mit UP'en) mit einigen plausiblen Wertesätzen die gleichen Ergebnisse liefert, die vorher z.B. mit einem Taschenrechner oder durch Messung erhalten wurden (s. Ziff. 3, S. 34). An einen vollständigen Test werden erheblich strengere Anforderungen gestellt. Hier sollen soviele Testläufe durchgeführt werden, daß in jeder Programmeinheit sämtliche Ausgänge von Verzweigungen einmal erreicht wurden. Ferner sollen auch die Reak-

tionen des Rechners auf kritische Eingabedaten (z.B. Null für
einzelne oder alle Größen) geprüft werden. Oft ergeben sich
hieraus zusätzliche Hinweise für den Benutzer. Allein das Zu-
sammenstellen der für diese Tests benötigten Daten erfordert
viel Mühe.

Als <u>Teststrategien</u> können die in Abschn. 4.2.1 geschilderten
top-down oder bottom-up Methoden benutzt werden. Im ersten
Fall testet man zunächst das HP, indem die von den UP'en zu
liefernden Werte z.B. durch DATA-Anweisungen ersetzt werden.
Oder man testet zunächst die UP'e, indem für jedes UP ein
einfaches HP (der sog. driver) geschrieben wird, das nur die
erforderlichen Eingangsparameter liefert und die Ausgangsparameter übernimmt. Man kann auch das UP als HP schreiben. In
diesem Zusammenhang erhebt sich die Frage nach einer optimalen
Programmgröße. Einerseits ist ein Fehler umso einfacher zu
lokalisieren, umso kürzer die zu testende Programmeinheit ist.
Andererseits wächst die Wahrscheinlichkeit von Schnittstellen-
fehlern (s.u.) mit der Anzahl der Programmeinheiten. Grobe Er-
fahrungswerte liegen bei 100 Anweisungen pro Programmeinheit.

Wenn Abweichungen zwischen den Kontrollwerten und denen des
Rechners auftreten, kann das verschiedene Ursachen haben:

1. Die Kontrollwerte sind falsch.
2. Es liegt ein "mathematischer" Fehler vor (s.Ziff 1,S.34).
3. Bei umfangreichen Programmen können erhebliche Rundungsfehler auftreten.
4. Es ist ein Fehler im Programm.

Im folgenden wird nur der 4. Fall betrachtet. Bei einem Fehler
werden entweder falsche Werte ausgegeben, oder die Rechnung
bricht ab (meist mit einer Fehlermeldung), oder gelangt nicht
zum Abschluß (auch dann wird nach einer gewissen Rechenzeit
automatisch abgebrochen). Im letzten Fall liegt meist ein
Schleifenfehler oder eine eng damit zusammenhängende fehlende
Konvergenz eines mathematischen Näherungsverfahrens vor. - Es
bedarf vieler Erfahrung und Intuition, um nun aus der Reaktion
des Rechners auf die Art und den Ort des verursachenden Fehlers zu schließen.

Fehlerarten

Im Abschn. 4.2.3 wurden bereits behandelt:

Schreibfehler in Formeln. Z.B. Buchstabe O statt Ziffer 0.
  Deshalb wird manchmal eines dieser Zeichen als Ø geschrieben. Diese Unterscheidung ist nicht genormt.

Initialisierungsfehler.

Schleifenfehler. Diese sehr häufige Fehlerart tritt in vielen tückischen Varianten auf.   Hinzu kommen:

Falsche Dateneingabe (ist trivial, wird aber oft übersehen).

Über- oder Unterlauffehler (s. S. 86). Dabei ist zu beachten, daß im allg. eine FORTRAN-Anweisung in mehrere Maschinenbefehle zerlegt wird und sämtliche Zwischenergebnisse eine Rolle spielen. Bei Real-Zahlen werden Überläufe im allg. angezeigt, bei Integer-Zahlen hingegen nicht.

Indizierungsfehler. Die vereinbarten Indexgrenzen werden überschritten. Dadurch werden für andere Zwecke reservierte Speicherbereiche überschrieben. Der Fehler macht sich deshalb oft an ganz anderen Stellen des Programms bemerkbar.

Die Elemente eines Bereiches sind nicht in der Anordnung gespeichert wie es der Programmierer voraussetzt (s.S.121).

Schnittstellenfehler. Falsche Reihenfolge der Parameter beim Aufruf eines UP'es. Fehler bei der dynamischen Dimensionierung (s.S.157).

Lokalisierung der Fehler

Zunächst muß festgestellt werden, in welchen Programmeinheiten sich Fehler befinden. Dazu dienen die vorstehend erwähnten Teststrategien. Zum Suchen der Fehler in einer Programmeinheit fügt man an den kritischen Stellen (z.B. Sprungziele von Verzweigungen, Ausgänge von Schleifen) zusätzliche numerierte STOP-Anweisungen oder PRINT-Anweisungen ein. Man erfährt dadurch, bis zu welcher Stelle die Programmausführung fortgeschritten ist und welche Werte gewisse Größen an diesen Stellen haben.

Zur Unterstützung dieser Suche gibt es bei allen Rechnern nicht genormte Anweisungen. Sie sind an den Programmanfang zu setzen und bewirken z.B. folgendes: Ausgabe einer

Liste der Werte von auszuwählenden Variablen innerhalb bestimmter Programmteile. Dieser häufige Test heißt "<u>tracing</u>", im Neudeutsch "tracen". Er ist nur sinnvoll, wenn die Entstehung jeder ausgegebenen Zahl nachvollzogen werden kann.

Liste der Anweisungsnummern der tatsächlich erreichten Sprungziele von Verzweigungen.

Prüfung, ob die vereinbarten Indexgrenzen eingehalten wurden.

Hiermit schließt dieses Buch. Es hat seinen Zweck erfüllt, wenn der Leser nicht nur imstande ist, die Programmieraufgaben der täglichen Ingenieurpraxis erfolgreich zu lösen, sondern auch etwas Freude an dieser faszinierenden Tätigkeit gewonnen hat.

ANHANG

EXTENDED BINARY CODED DECIMAL INTERCHANGE CODE (EBCDIC)

bit Nr. 0-3 (Zonenteil)																bit Nr. 4-7 Ziffernt.	
0	1	2	3	4	5	6	7	8	9	A	B	C	D	E	F		
0000	0001	0010	0011	0100	0101	0110	0111	1000	1001	1010	1011	1100	1101	1110	1111		
				blank	&	-						plus	min		0	0	0000
						/		a	j			A	J		1	1	0001
								b	k	s		B	K	S	2	2	0010
								c	l	t		C	L	T	3	3	0011
		Steuer- zeichen						d	m	u		D	M	U	4	4	0100
								e	n	v		E	N	V	5	5	0101
								f	o	w		F	O	W	6	6	0110
								g	p	x		G	P	X	7	7	0111
								h	q	y		H	Q	Y	8	8	1000
								i	r	z		I	R	Z	9	9	1001
						!	:									A	1010
					.	$	,	#								B	1011
					<	*	%	@								C	1100
					(	)	_	'								D	1101
					+	;	>	=								E	1110
					OR	NOT	?	"								F	1111

Die Numerierung der bits entspricht der bei US-Rechnern:
0 1 2 3 4 5 6 7 . (In der deutschen Normung erfolgt
die Numerierung umgekehrt: 8 7 6 5 4 3 2 1).

<u>Codierungsbeispiele</u>:

Schriftzeichen	Sedez.	Dezimal	Binär
5	F5	245	1111 0101
L	D3	211	1101 0011
blank	40	64	0100 0000

LÖSUNGEN DER AUFGABEN   Abschnitt 2

<u>1</u>. Bei einem Digitalrechner werden die Zahlen durch ihre Ziffern, beim Analogrechner durch physik. Größen dargestellt.

<u>2</u>. Zwei Zeichen sind technisch einfach und damit preiswert und störungssicher zu realisieren.

<u>3</u>. Die Zugriffszeit ist unabhängig von der physischen Lage der Information im Speicher. Andere Art: sequentieller Sp.

<u>4</u>. Ein-, Ausgabe-, Leit- und Rechenwerk, Festwert-, Zentralspeicher.

<u>5</u>. Startprogramm, Grundprogramm, Programmsteuerung.

<u>6</u>. Beim compiler wird vor der Ausführung das gesamte Programm übersetzt und gespeichert. Beim interpreter wird jede Anweisung für sich übersetzt und sofort ausgeführt.

<u>7</u>. a) Dienstprogramm b) Zugriffssteuerung   c) Programmsteuerung.

<u>8</u>. FORTRAN, BASIC, PASCAL

<u>9</u>. Beim Teilnehmerbetrieb arbeiten mehrere Benutzer abwechselnd mit der ZE, beim Mehrprogrammbetrieb werden mehrere, auf einem peripheren Speicher befindliche Programme nach einer festgelegten Prioritätenfolge verarbeitet.

<u>10</u>.a) Siliziumplättchen mit etwa 10^6 elektronischen Bauelementen b) kleine Magnetplatte c) Softwareprogramm im Festwertspeicher d) Leit- und Rechenwerk e) Speicher, der nur gelesen werden kann, meist für Teile des Betriebssystems f) im Programm benutzte Bezeichnung (Name) für eine Speicherzelle g) Teil eines Groß-Rechners, das zwischen ZE und Steuergeräten geschaltet ist und zur Durchführung der E/A dient h) kleinste in der Maschinensprache adressierbare Einheit eines wortorientierten Speichers   i) Menge der Kommandos zum Aufrufen von Programmen des Betriebssystems k) Softwarekonzept, das dem Benutzer die gemeinsame Benutzung von Zentral- und peripheren Speichern erlaubt l) Programme für Anwendungszwecke des Rechners.

Abschnitt 4

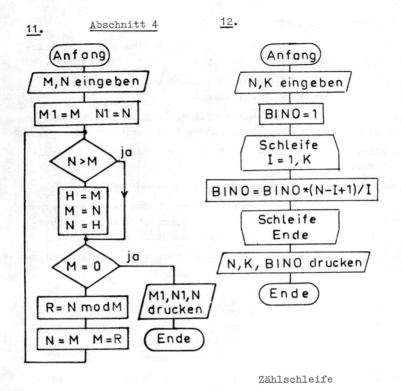

11. Bild 39
Größter gemeinsamer Teiler

12. Zählschleife

Bild 40
Binomialkoeffizient

13.

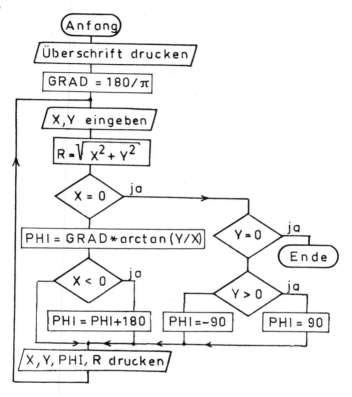

Bild 41
Rechtwinklige in Polarkoordinaten

14.

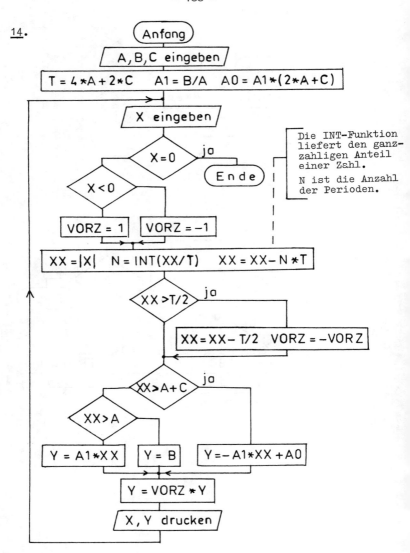

Bild 42 Stückweise stetige Funktion

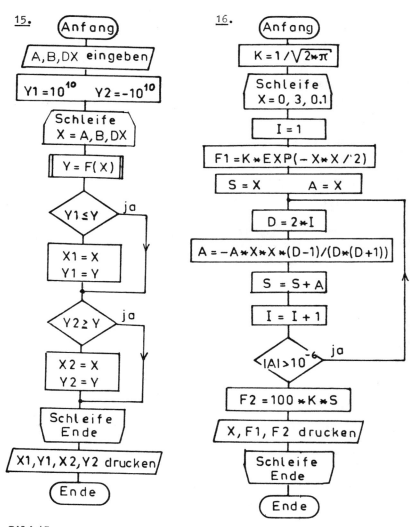

Bild 43
Extremwerte einer Funktion

Bild 44 Normalverteilung und Integralfunktion

Abschnitt 5

17.

$ZA = (B/A)*SQRT(A*A - B*B)$

$ZB = (A**.5 + B**.333333)/C**.25$

$ZC = A/(1.+B/(2.+C/(3.+D)))$

$ZD = ATAN(SQRT(1. - X*X)/X)$

$ZE = .5*ALOG((1+X)/(1-X))$

$ZF = (C*C*H)/(L**5 * (EXP(C*H/(K*T*L)) - 1.))$

$ZG = A*SQRT((P0*M/V0)*(2.*KA/(KA-1.)) *$
$1 ((P1/P0)**(2./KA) - (P1/P0)**((KA+1.)/KA)))$

19.
```
IF(log.Ausdr. 1) THEN
    1. IF-Block
END IF
IF(log.Ausdr. 2) THEN
    2. If-Block
ELSE
    2. Else-Block
END IF
nächste Anweisung
```

22.
```
* BINOMIALKOEFFIZIENTEN
*
      PROGRAM BINO
      INTEGER BIN

      READ*, N, K
*
      BIN = 1
      DO 10 I = 1, K

      BIN = BIN * (N-I+1)/I
   10 CONTINUE
*
      PRINT*, 'N =', N, ' K =',
      END   | K, ' BINOMK =', BIN
```

18.
```
      PROGRAM KONTRA
      LOGICAL X1, X2, Y1, Y2, Z
      PRINT*, 'X1 X2  Z'

      DO 10 I = 0, 1
      DO 10 J = 0, 1
         X1 = I .EQ. 1
         X2 = J .EQ. 1
         Y1 = (.NOT. X1) .OR. X2
         Y2 = X2 .OR. (.NOT. X1)
         Z = (.NOT. Y1) .OR. Y2
         WRITE(*, '(3L3)') X1, X2, Z
   10 CONTINUE
      END
```

```
X1 X2  Z
 F  F  T
 F  T  T
 T  F  T
 T  T  T
```

Alle z-Werte sind wahr. Dies ist die rechnerische Bestätigung des logischen Gesetzes der Kontraposition.

20.
$I = 11 \quad J = 10$

$K = -1 \quad L = 0 \quad M = 60$

21.
```
* GROESSTER GEM. TEILER
*
      PROGRAM GGT

      PRINT*, 'M, N EINGEBEN'
      READ*, M, N
      M1 = M
      N1 = N
   10 IF(N .GT. M) GOTO 20
         H = M
         M = N
         N = H
   20 IF(M .EQ. 0) GOTO 30
         IR = MOD(N,M)
         N = M
         M = IR
         GOTO 10
*
   30 PRINT*, 'M =', M1, ' N =',
     1          N1, ' GGT =', N
      END
```

23.

```
* RECHTW. IN POLARKOORDINATEN MIT BLOCK IF
*
      PROGRAM REPO1
      PRINT*, ' GEBEN SIE DIE RECHTW. KOORD. X UND Y EIN.'
      PRINT*, ' X = Y = 0 BEDEUTET PROGRAMMENDE.'
      PRINT*
      PRINT*, '     X              Y           PHI          R'
      GRAD = 180./3.14159
  10  READ*, X, Y
      R = SQRT(X*X + Y*Y)
      IF(X .EQ. 0) THEN
       IF(Y .EQ. 0) STOP
       IF(Y .GT. 0) THEN
        PHI = 90.
       ELSE
        PHI = -90.
       END IF
      ELSE
       PHI = GRAD*ATAN(Y/X)
       IF(X .LT. 0) PHI = 180. + PHI
      END IF
*
      PRINT*, X, Y, PHI, R
      GOTO 10
      END
```

2. Version mit arithm. IF
erster Programmteil wie links

```
  10  READ*, X, Y
      R = SQRT(X*X + Y*Y)
      IF(X) 50, 20, 50
  20  IF(Y) 30, 80, 40
  30  PHI = -90.
      GOTO 70
  40  PHI = 90.
      GOTO 70
*
  50  PHI = GRAD*ATAN(Y/X)
      IF(X) 60, 80, 70
  60  PHI = 180. + PHI
  70  PRINT*, X, Y, PHI, R
      GOTO 10
  80  END
```

24.

```
*   STUECKWEISE STETIGE FUNKTION
*
    PROGRAM KNICK
    READ*, A, B, C
    T = 4.*A + 2.*C
    A1 = B/A
    A0 = A1*(2.*A+C)
*
 10 READ*, X
    IF(X .EQ. 0) STOP
    IF(X .LT. 0) THEN
     VORZ = -1.
    ELSE
     VORZ = 1.
    END IF
*   REDUZIERUNG DER PERIODE
    XX = ABS(X)
    N = INT(XX/T)
    XX = XX - N*T
*
```

24. Forts.

```
    IF(XX .GT. (.5*T)) THEN
     XX = XX - .5*T
     VORZ = - VORZ
    END IF
*
    IF(XX .GT. (A+C)) THEN
     Y = A0 - A1*XX
    ELSE IF(XX .GT. A) THEN
     Y = B
    ELSE
     Y = A1*XX
    END IF
*
    Y = VORZ*Y
    PRINT*, X, Y
    GOTO 10
    END
```

25.

```
* EXTREMWERT EINER FUNKTION
*
      PROGRAM EXTREM
      PRINT*, 'GEBEN SIE DIE SCHRANKEN',
     1 ' UND DIE SCHRITTWEITE EIN.'
      PRINT*
      READ*, A, B, DX
      Y1 = 1.E10
      Y2 = -1.E10
*
      DO 20  X = A, B, DX
      Y = COS(X)
      IF(Y1 .LE. Y) GOTO 10
      X1 = X
      Y1 = Y
   10 IF(Y2 .GE. Y) GOTO 20
      X2 = X
      Y2 = Y
   20 CONTINUE
*
      PRINT*, 'MINIMUM X = ', X1,
     1 '  Y = ', Y1
      PRINT*, 'MAXIMUM X = ', X2,
     1 '  Y = ', Y2
      END
```

26. NORMALVERTEILUNG

```
      PROGRAM GVERT
      WRITE(*,100)
  100 FORMAT(///12X,
     1 'G A U S S - V E R T E I L U N G'//
     1 16X, 'X', 6X, 'PHI(X)', 6X, 'PSI(X)'

      FAKT = 1./SQRT(6.2831853)

      DO 20  X = 0., 3., .1
      PHI = FAKT*EXP(-0.5*X*X)

      I = 1
      S = X
      A = X

   10 D = 2*I
      A = A*(-X*X*(D-1.))/(D*(D+1.))
      S = S + A
      I = I + 1
      IF(ABS(A) .GT. 1.E-6) GOTO 10

      PSI = 100.*FAKT*S

      WRITE(*,110) X, PHI, PSI
  110 FORMAT(12X, F5.1, F12.5, F10.2)
   20 CONTINUE
      END
```

27 a)

```
      WRITE(*, 100) N, B, C, D, E, I
  100 FORMAT(I5, 3F10.5 / E10.5)

ьь100   100.00000  100.00000  100.00000
.10000E+03
100
```

27 b) Diese Aufgabe läßt sich mit den in Abschn.6 behandelten indizierten Variablen wesentlich eleganter lösen.

```
      DATA A1,A2,A3,A4,A5,A6,A7,A8,A9,A10,A11,A12,A13
     1 /1.E-6,1.E-5,1.E-4,1.E-3,1.E-2,.1,1.,.10.,100.,
     2   1.E3,1.E4,1.E5,1.E6/
*
      WRITE(*,110) A1,A2,A3,A4,A5,A6,A7,A8,A9,A10,A11,A12,A13
  110 FORMAT(2F10.5, 2E12.3)
*
      END
```

28.

```
      DO 20  I = 10, 30, 10
      I2 = I + 2
      I4 = I + 4
      I6 = I + 6
      I8 = I + 8
      WRITE(*, 120) I, I2, I4, I6, I8
  120 FORMAT(3X, 5I5)
   20 CONTINUE
      END
```

```
      0.00000    0.00001    0.100e-03   0.100e-02
      0.01000    0.10000    0.100e+01   0.100e+02
    100.00000 1000.00000   0.100e+05   0.100e+06
      **********
```

Abschnitt 6

29.

```
      PROGRAM DRU29
      INTEGER A(3,5)
      DO 10  I = 1,3
       DO 10  K = 1, 5
        A(I,K) = 10*I + 2*(K-1)
   10 CONTINUE
*
      WRITE(*,'(3X,5I5)')
    1   ((A(I,K),K=1,5),I=1,3)
      END
```

30. VEKTORRECHNUNG, DATENENDE WENN ALLE KOMPONENTEN NULL

```
      PROGRAM VEKT
      DIMENSION A(3), ALPHA(3), CS(3)
*  UEBERSCHRIFT UND EINLESEN
      WRITE(*,100)
  100 FORMAT(/// 15X,'KOMPONENTEN UND RICHTUNGSWINKEL ',
     1'EINES VEKTORS'
     2 //11X,'A(X)       A(Y)      A(Z)   ',
     3 ' BETRAG    ALPHA     BETA    GAMMA'/)
   10 READ*, (A(I), I = 1,3)
*  BERECHNUNG
      BETR = SQRT(A(1)*A(1) + A(2)*A(2) + A(3)*A(3))
      IF(BETR .EQ. 0) GOTO 60

      DO 50  I = 1,3
       CS(I) = A(I)/BETR
       ALPHA(I) = 57.2958 * ACOS(CS(I))
   50 CONTINUE

*  SCHREIBEN DER ERGEBNISSE
      WRITE(*,120) (A(I),I = 1,3), BETR, (ALPHA(I), I = 1,3)
  120 FORMAT(5X, 7F10.2)
      GOTO  10
*
   60 END
```

31. VAN DER WAALS GLEICHUNG

```
      PROGRAM WAALS
      INTEGER T(5), P(5)
      DATA R, A, B / 8314., 4.23E5, 0.0371 /
*     UEBERSCHRIFT
      DO 20 I = 1,5
         T(I) = 340 + 20*I
   20 CONTINUE
      WRITE(*,110) A, B, (T(I), I = 1,5)
  110 FORMAT(3X, 'TAFEL DER VAN DER WAALS ',
     1        'GLEICHUNG FUER REALE GASE'//
     2        6X, 'A =', E12.4, ' N*M**4', 3X,
     3        'B =', E12.4, ' M**3'//9X, 'T/K',
     4        I5, 4I6/ 5X, 'V/LITER',
     5        10X, 'D R U C K / B A R')
*
**    SCHLEIFE FUER DAS PROGRAMM
      DO 50 J = 20,300,20
         V = 0.001 * REAL(J)
*
**       SCHLEIFE FUER EINE ZEILE
         DO 40 K = 1,5
            P(K) = NINT(1.E-05 * (R*REAL(T(K))/
     1             (V-B) - A/(V*V)))
            IF((P(K) .LE. 0) .OR.
     1         (P(K) .GT. 200)) P(K)=0
   40    CONTINUE
*
         WRITE(*,120) J,(P(K), K = 1,5)
  120    FORMAT(5X, 6I6)
   50 CONTINUE
      END
```

32. QUADRATISCHE INTERPOLATION

```
      PROGRAM QUINT
*     BERECHNEN DER FUNKTION
      DIMENSION X(20), Y(20)
      DO 10 K = 1, 20
         X(K) = K-10
         Y(K) = 0.5*X(K)*X(K) - 20.
   10 CONTINUE
*     EINGABE UND SUCHEN
   20 READ*, XX
      IF((XX .LT. X(1)) .OR.
     1   (XX .GE. X(19))) STOP
      DO 30 I = 1, 20
         IF(X(I) .GT. XX) GOTO 40
   30 CONTINUE
   40 I = I - 1
*
*     INTERPOLATION
      B1 = (Y(I+1)-Y(I))/(X(I+1)-X(I))
      Z1 = (Y(I+2)-Y(I+1))/(X(I+2)-X(I+1))
      Z2 = (Y(I+1)-Y(I))/(X(I+1)-X(I))
      B2 = (Z1 - Z2)/(X(I+2) - X(I))
      YY = Y(I) + B1*(XX-X(I)) +
     1     B2*(XX-X(I))*(XX-X(I+1))
*     AUSGABE
      WRITE(*, '(2F10.5)') XX, YY
      GOTO 20
      END
```

33. SORTIEREN BEIM EINLESEN

```
      PROGRAM SORT3
      INTEGER Z(500)
      READ*, Z(1)
*  LESESCHLEIFE
      DO 40 I = 2, 500
      READ(*,*, END = 50) Z(I)
*
*  SCHLEIFE ZUM TAUSCHEN
      K = I
  20  IF(Z(K) .GT. Z(K-1)) GOTO 40
  30  H = Z(K-1)
      Z(K-1) = Z(K)
      Z(K) = H
      K = K - 1
      IF(K .GT. 1) GOTO 20

  40  CONTINUE
  50  I = I - 1
*
*  SCHREIBEN DER LOESUNGEN
      WRITE(*,110) I, (Z(J), J = 1,I)
 110  FORMAT(10X,I5 /(10I6))
      END
```

35. TRANSPONIEREN EINER MATRIX

```
      PROGRAM TRANS
      INTEGER A(10,10), B(10,10)
      READ*, M, N
*
      DO 10 I = 1, M
      READ*, (A(I,K), K = 1, N)
      WRITE(*,110) (A(I,K), K = 1, N)
  10  CONTINUE
      DO 20 I = 1, M
      DO 20 K = 1, N
      B(K,I) = A(I,K)
  20  CONTINUE
*
      DO 30 I = 1, N
      WRITE(*,110) (B(I,K), K = 1, M)
  30  CONTINUE
 110  FORMAT(10I5)
      END
```

34.

```
      PROGRAM GEW2
      DIMENSION S(5), G(10,5), D(10)
      DATA G /50*0. /

      DO 10 I = 1, 5
  10  S(I) = 2 * I

*  SCHLEIFE FUER DAS PROGRAMM
      DO 40 J = 1, 10
      D(J) = 10 * J

*  SCHLEIFE FUER EINE ZEILE
      DO 20 K = 1, 5
      IF(S(K) .GE. .5 * D(J)) GOTO 40
      G(J,K) = 0.2422 * S(K) * (D(J) - S(K))
  20  CONTINUE
  40  CONTINUE

*  DRUCKEN DER MATRIX
      WRITE(*, 100) (S(I), I = 1, 5)
 100  FORMAT('1', 18X, 'METERGEWICHT ',
     1   'VON STAHLROHR IN N' //
     2   7X, 'S/MM', 5F10.2 / 7X, 'D/MM')
      DO 50 I = 1, 10
  50  WRITE(*, 110) D(I), (G(I,K),K=1,5)
 110  FORMAT (1X, 6F10.2)

      END
```

36. SCHLECHT KOND. GLEICHUNGSSYSTEM

```fortran
      PROGRAM ILL
      DIMENSION A(6,6), C(6,6), BETR(6)
      DATA BETR /6*0. /
*  EINLESEN DER MATRIX
      DO 10 I = 1,6
   10 READ*, (A(I,K), K= 1, 6)
*  BERECHNUNG DER BETRAEGE
      DO 30 I = 1, 6
        DO 20 K = 1, 6
         BETR(I) = BETR(I) + A(I,K)*A(I,K)
   20   CONTINUE
        BETR(I) = SQRT(BETR(I))
   30 CONTINUE
*  COS-WERTE
      DO 50 I = 1, 5
        DO 50 J = I+1, 6
         SUM = 0
*  SKALARE PRODUKTE
         DO 40 K = 1, 6
          SUM = SUM + A(I,K)*A(J,K)
   40    CONTINUE
         C(I,J) = SUM/(BETR(I)*BETR(J))
         IF(ABS(C(I,J)) .LT. .92) GOTO 50
         WRITE(*, 100) I, J, C(I,J)
  100    FORMAT(' I =', I2, ' J =', I2, '  COS =', F6.3)
   50 CONTINUE
      END
```

---

37. FARBCODE FUER ELEKTR. WIDERSTAENDE

```fortran
      PROGRAM FARB2
      CHARACTER FARB(0:9)*7, DREI(3)*7
      INTEGER ZIFF(3), R, POT
      DATA FARB /'SCHWARZ','BRAUN','ROT','ORANGE','GELB',
     1           'GRUEN','BLAU','VIOLETT','GRAU','WEISS' /
*
   10 PRINT*
      PRINT*, 'DREI RICHTIGE FARBEN IN DREI SAETZEN EINGEBEN.'
*  WEGEN LINKSBUENDIGER SPEICHERUNG IM FORMAT A7
      DO 30 I = 1, 3
        READ(*, *, END = 40) DREI(I)
        DO 20 J = 0, 9
         IF(DREI(I) .EQ. FARB(J)) GOTO 25
   20   CONTINUE
   25   ZIFF(I) = J
   30 CONTINUE
*  BERECHNUNG DES WIDERSTANDES
      POT = 10 ** ZIFF(3)
      R = (10*ZIFF(1) + ZIFF(2))*POT
      WRITE(*, 100) DREI, R
  100 FORMAT(5X, 3A7, ' ENTSPRICHT ', I8, ' OHM')
      GOTO 10
   40 END
```

38. ISOGRAMM IN ZAHLEN
DIE BEZEICHNUNGEN STIMMEN MIT DENEN DES BEISP. 40, S. 136 überein.

```
      PROGRAM ISO2
      INTEGER Z(57)
      REAL XACHS(13)
      DATA DDX, DDY / .21167, .10583 /
      PRINT*, '           ISOGRAMM DER FUNKTION ',
     1 ' Z = =.5 * (9. + X**X - Y**Y) + 0.6'
      PRINT*, '            X-ACHSE SENKRECHT NACH UNTEN'
      PRINT*
*
      XACHS(1) = -3.
      DO 10  I = 2, 13
   10 XACHS(I) = XACHS(I-1) + .5
      J = 1
*  SCHLEIFE FUER PROGRAMM
      DO 30  X = -3., 3., DDX
      I = 1
*  SCHLEIFE FUER EINE ZEILE
      DO 20  Y = -3., 3., DDY
      Z(I) = INT(.5 * (9. + X*X - Y*Y) + .6)
      I = I + 1
   20 CONTINUE
*
      IF(XACHS(J) .GT. (X+.1)) THEN
*    +.1 WEGEN RUNDUNGSFEHLERN
      WRITE(*, '(10X, 57I1)') Z
      ELSE
      WRITE(*, '(F8.1, 2X, 57I1)') XACHS(J), Z
      J = J + 1
      END IF
*
   30 CONTINUE
      END
```

Hinweise:
Für die y-Achse ergibt sich $DY = 3 -(-3) = 6$
Maßstab 120mm/DY=20mm
Zeichenabst. 2.1167 mm
$DDY = 2.1167mm/20mm = 0.10583$
Anzahl der Schreibst.
$DY/DDY = 57$

Abschnitt 7

39. Ob die Variablen gleiche Namen haben, ist unerheblich. Sie belegen nur dann gleiche Zellen, wenn sie entweder Elemente der Parameterlisten oder von COMMON-Anweisungen sind.

40. Dies ist ein Testprogramm, mit dem festgestellt wird, ob die Gleichverteilung im Bereich $0 \leq z \leq 9$ vorliegt. In der 1. Zeile werden die Zahlen von 0 bis 9 ausgegeben, in der 2. Zeile die Häufigkeit der entspr. Zufallszahlen.

41. a)

```
*
      INTEGER FUNCTION SPRUNG(X)
      INTEGER GER, POS, REST
*
      IF(X .NE. ANINT(X)) GOTO 10
      SPRUNG = 0
      RETURN
*
   10 N = INT(ABS(X))
      REST = MOD(N,2)
      IF(REST .EQ. 0) THEN
        GER = 1
      ELSE
        GER = -1
      END IF
      IF(X .GT. 0) THEN
        POS = 1
      ELSE
        POS = -1
      END IF
      SPRUNG = GER * POS
      END
```

41. b)

```
*  HP SPRUNG
*     PROGRAM HPSPRU
      INTEGER SPRUNG, Y
   10 READ(*, *, END = 20) X
      Y = SPRUNG(X)
      PRINT*, X, Y
      GOTO 10
   20 END
```

42. HP 3. WURZEL

```
*
      PROGRAM WURZ
      REAL RE(0:2), IM(0:2)
      PRINT*, ' REALTEIL UND IMAGINAERTEIL'
      PRINT*, ' EINER KOMPL. ZAHL EINGEBEN,'
      PRINT*, ' PROGRAMM BER. DIE 3. WURZEL.'
      PRINT*, ' A = B = 0 IST ENDE.'
      PRINT*
*
      WRITE(*, 100)
  100 FORMAT(22X, '3. WURZEL EINER KOMPLEXEN ZAHL'/
     1 5X, 'RADIKAND', 11X, '1.LOESUNG', 9X,
     2 '2.LOESUNG', 9X, '3.LOESUNG'/)
      ALPHA = 0.666667 * 3.14159
*
   10 READ*, A, B
      CALL REPO(A, B, R, PHI)
      IF(R .EQ. 0) GOTO 30
      R = R ** .333333
      PO = .333333 * PHI
*  SCHLEIFE FUER DREI LOESUNGEN
      DO 20 I = 0, 2
        PHI = PO + I*ALPHA
        CALL PORE(R, PHI, RE(I), IM(I))
   20 CONTINUE
      WRITE(*, '(8F9.4)') A, B, (RE(I),
     |           IM(I), I = 0,2)
      GOTO 10
   30 END
```

```
      SUBROUTINE REPO(X, Y, R, PHI)
      PI = 3.14159
      R = SQRT(X*X + Y*Y)
      IF(X) 50, 20, 50
   20 IF(Y) 30, 80, 40
   30 PHI = -.5 * PI
      GOTO 70
   40 PHI = .5 * PI
      GOTO 70
*
   50 PHI = ATAN(Y/X)
      IF(X) 60, 80, 70
   60 PHI = PHI + PI
   70 RETURN
   80 PHI = 0.
      END
```

43. a) UP SIMPSON-REGEL
    * MIT LAUFENDER HALBIERUNG DER STREIFEN
    *

```
      FUNCTION SIMPS(A, B, F)
      REAL INT
*
*  1. INTEGRAL MIT 2 STREIFEN
      H = 0.5 * (B - A)
      N = 1
      RAND = F(A) + F(B)
      Y2 = 0.
      Y4 = F(A+H)
      INT = 0.333333*H*(RAND + 4.*Y4)
*
*  LAUFENDE HALBIERUNG
   10 H = 0.5 * H
      N = 2 * N
      Y2 = Y2 + Y4
      Y4 = 0.
      X = A + H
*
      DO 20 I = 1, N
      Y4 = Y4 + F(X)
      X = X + 2. * H
   20 CONTINUE
*
      SIMPS = 0.33333*H*(RAND + 2.*Y2 + 4.*Y4)
*
*  ENDABFRAGE
      EPS= ABS((INT-SIMPS)/SIMPS)
      INT = SIMPS
      IF(EPS .GT. 1.E-06) GOTO 10
*
      END

*  FUNKTIONSGLEICHUNG
      FUNCTION FKT(X)
      FKT = .3 * X * X * X
*
      END
```

43. b) HP FUER FUNKTION F(X) UND
    * INTEGRALFUNKTION I(X)
    *

```
      PROGRAM HPSIMP
      REAL I
      EXTERNAL FKT
*
      READ*, XMIN, XMAX, DX
      WRITE(*,110)
  110 FORMAT('1', 13X, 'TAFEL EINER FUNKTION ' /
     1 10X, 'UND IHRER INTEGRALFUNKTION'//
     2 14X, 'X', 6X, 'F(X)', 7X, 'I(X)'/)
*
C  VORLAUF FUER 1.WERT
      XA = XMIN
      I = 0.
      Y = FKT(XA)
      WRITE(*, 120) XA, Y, I
  120 FORMAT(10X, F6.2, 2F10.5)
      XB = XA + DX
*
*  SCHLEIFE FUER DIE TAFEL
      DO 10 XB = XB, XMAX, DX
      Y = FKT(XB)
      I = I + SIMPS(XA, XB, FKT)
      WRITE(*,120) XB, Y, I
      XA = XB
   10 CONTINUE
      END
```

44. a) UP FUER ZEILEN- UND SPALTENSUMMEN
    * EINER MATRIX

```
      SUBROUTINE ZEIL(A,MMAX,NMAX,M,N,B)
      DIMENSION A(MMAX,NMAX), B(MMAX,NMAX)

C ERSTER TEIL VON B
      DO 10  I = 1, M
       DO 10  K = 1, N
 10    B(I,K) = A(I,K)

*  ZEILENSUMMEN
      M1 = M + 1
      N1 = N + 1

      DO 20  I = 1, M
       B(I, N1) = 0.
        DO 20  K = 1, N
         B(I, N1) = B(I, N1) + A(I, K)
 20   CONTINUE
*
*  SPALTENSUMMEN
      DO 30  K = 1, N1
       B(M1, K) = 0.
       DO 30  I = 1, M
        B(M1, K) = B(M1, K) + B(I,K)
 30   CONTINUE

      END
```

44. b) HP FUER ZEILEN- UND SPALTENSUMMEN
    * EINER MATRIX
    *

```
      PROGRAM HPZEIL
      PARAMETER(MMAX = 10, NMAX = 10)
      DIMENSION A(MMAX,NMAX), B(MMAX,NMAX)
      READ*, M, N
*  N UND M MUESSEN KLEINER 10 SEIN

      CALL LIES(A,MMAX,NMAX,M,N)

      CALL ZEIL(A,MMAX,NMAX,M,N,B)

      M1 = M + 1
      N1 = N + 1
      CALL DRUCK(B,MMAX,NMAX,M1,N1)
      END
```

45. HP WARTESCHLANGE

```
      PROGRAM WARTE
      INTEGER AB, DRUCK, T, TEIN, TAUS, Z1, KK(20), LL(20)
      REAL F(0:5)
      DATA L, K, T, Z1 / 0, 0, 1, 23 /

      READ*, TEIN, TAUS
      WRITE(*, 100) TEIN, TAUS
  100 FORMAT(' WARTESCHLANGE TEIN =',I3,' TAUS =',I3/)

      CALL POIS(TEIN, F)

      DO 60 I = 1, 5
        DRUCK = 0
        DO 50 II = 1, 20*TAUS
          CALL ZUF2(Z1, Z)
*   ZUGANG
          DO 10 J = 0, 5
            IF(Z .LE. F(J)) THEN
              L = L + J
              GOTO 20
            END IF
   10     CONTINUE
          L = L + 6
   20     AB = MOD(T, TAUS)
          IF(AB .NE. 0) GOTO 40
*   ABGANG
          K = K + 1
          DRUCK = DRUCK + 1
          KK(DRUCK) = K
          IF(L .EQ. 0) GOTO 30
          L = L - 1
   30     LL(DRUCK) = L
   40     T = T + 1
   50   CONTINUE
        WRITE(*, 110) KK, LL
  110   FORMAT(' K ', 20I4 /
     1         ' L ', 20I4 /)
   60 CONTINUE
      END
```

```
* UP'E FUER WARTESCHLANGE

      SUBROUTINE POIS(T, F)
      INTEGER T
      REAL MU, F(0:5)

      MU = 1./REAL(T)
      P = EXP(-MU)
      F(0) = P
      FAK = 1.
      E = P

      DO 10 I = 1, 5
        FAK = FAK * I
        P = E * MU**I/FAK
        F(I) = F(I-1) + P
   10 CONTINUE
      END

      SUBROUTINE ZUF2(Z1, Z)
      INTEGER Z1, A, B
      DATA A, B, I, RI
     1 / 3612, 5701, 566927, 566927. /

      K = A * Z1 + B
      Z1 = MOD(K,I)
      Z = REAL(Z1)/RI
      END
```

ESCHLANGE TEIN = 5 TAUS = 5

1	2	3	4	5	6	7	8	9	10	11	12	13	14	15	16	17	18	19	20
0	1	1	1	2	1	2	1	0	0	2	3	3	4	4	4	4	3	4	3

21	22	23	24	25	26	27	28	29	30	31	32	33	34	35	36	37	38	39	40
4	3	3	5	5	5	4	6	6	5	5	6	5	5	4	4	4	4	7	9

41	42	43	44	45	46	47	48	49	50	51	52	53	54	55	56	57	58	59	60
8	8	9	10	10	9	10	10	9	9	11	10	9	9	9	8	8	8	8	7

61	62	63	64	65	66	67	68	69	70	71	72	73	74	75	76	77	78	79	80
6	5	4	3	2	1	2	1	1	1	1	0	1	0	1	1	2	2	2	1

Abschnitt 8

<u>46</u>. DATEN ZUM SORTIEREN
```
      PROGRAM SORT5
      INTEGER A(500), B(100)
      OPEN(UNIT=10, FILE='SORDAT',STATUS='OLD',
     1 ACCESS='SEQUENTIAL',FORM='UNFORMATTED')
*
*     LESEN DER DATEI
      DO 10  I = 0, 4
        READ(10, END =15) B
        DO 10 J = 1, 100
          K = 100*I + J
          A(K) = B(J)
   10 CONTINUE
*     LETZTER SATZ
   15 DO 20 J = 1, 100
        K = 100*I + J
        IF(B(J) .EQ. 10000) GOTO 25
        A(K) = B(J)
   20 CONTINUE
   25 N = K - 1
      WRITE(*,110) N
      ....
```

<u>47</u>. ADDITION VON MATRIZEN
```
      PROGRAM MATADD
      REAL A(100), B(100), C(100)
*     A, B, C SIND ZEILENVEKTOREN
      OPEN(UNIT=10,FILE='MATA',STATUS='OLD',
     1 ACCESS='SEQUENTIAL',FORM='UNFORMATTED')
      OPEN(UNIT=20,FILE='MATB',STATUS='OLD',
     1 ACCESS='SEQUENTIAL',FORM='UNFORMATTED')
      OPEN(UNIT=30,FILE='MATC',STATUS='NEW',
     1 ACCESS='SEQUENTIAL',FORM='UNFORMATTED')
*
      READ(10) MA, NA
      READ(20) MB, NB
      IF((MA .NE. MB) .OR. (NA .NE. NB)) GOTO 30
      WRITE(30) MA, NA
*     SCHLEIFE FUER ALLE ZEILEN
      DO 20  I = 1, MA
        READ(10) (A(K), K = 1, NA)
        READ(20) (B(K), K = 1, NB)
*       SCHLEIFE FUER EINE ZEILE
        DO 10  K = 1, NA
          C(K) = A(K) + B(K)
   10   CONTINUE
*
        WRITE(30) (C(K), K = 1, NA)
        WRITE(*, '(5G14.5)') (C(K), K = 1, NA)
   20 CONTINUE
      STOP
   30 PRINT*, 'MATRIZEN NICHT VOM GLEICHEN TYP.'
      END
```

48. MISCHEN

```fortran
      PROGRAM MISCH2
      CHARACTER*80 STSATZ,BSATZ,KSTA*6,KBEW*6
      OPEN(UNIT=10,FILE='STAMM',STATUS='OLD',
     1 ACCESS='SEQUENTIAL',FORM='UNFORMATTED')
      OPEN(UNIT=20,FILE='BEW',STATUS='OLD',
     1 ACCESS='SEQUENTIAL',FORM='UNFORMATTED')
      OPEN(UNIT=30,FILE='MISCH',STATUS='NEW',
     1 ACCESS='SEQUENTIAL',FORM='UNFORMATTED')
*  VORLAUF
      READ(10) STSATZ
      KSTA = STSATZ(1:6)
      READ(20) BSATZ
      KBEW = BSATZ(1:6)
*  BEGINN DER SCHLEIFE
   10 IF(KSTA .LE. KBEW) THEN
        WRITE(30) STSATZ
        READ(10, END = 20) STSATZ
        KSTA = STSATZ(1:6)
      ELSE
        WRITE(30) BSATZ
        READ(20, END = 40) BSATZ
        KBEW = BSATZ(1:6)
      END IF
      GOTO 10
*  REST DER BEWEGUNGSDATEI
   20 WRITE(30) BSATZ
      DO 30 I = 1, 1000
        READ(20, END = 60) BSATZ
        WRITE(30) BSATZ
   30 CONTINUE
*  REST DER STAMMDATEI
   40 WRITE(30) STSATZ
      DO 50 I = 1, 1000
        READ(10, END = 60) STSATZ
        WRITE(30) STSATZ
   50 CONTINUE
   60 ENDFILE 30
      REWIND 30
*  DRUCKEN DER GEMISCHTEN DATEI
      DO 70 I = 1, 1000
        READ(30, END = 80) STSATZ
        PRINT*, STSATZ
   70 CONTINUE
   80 PRINT*, 'ENDE'
      END
```

49. SEQUENTIELLES SUCHEN AUFGABE

```
      PROGRAM SSUCH
      CHARACTER*20 NAME, SUCH, NR*10
      OPEN(UNIT=10,FILE='LISTE',STATUS='NEW',
     1 ACCESS='SEQUENTIAL',FORM='UNFORMATTED')
*  ERZEUGUNG DER DATEI, KEINE FUEHRENDEN BLANKS
*  EINGEBEN, DARF KUERZER ALS A20, A10 SEIN.
      DO 10  I = 1, 10
       READ*, NAME, NR
       WRITE(10) NAME, NR
   10 CONTINUE
      ENDFILE 10
*
      PRINT*, 'NAMEN IM FORMAT A20 LINKSB. EING.'
   20 REWIND 10
      READ(*, *, END=60) SUCH
      DO 30  I = 1, 10
       READ(10) NAME, NR
       IF(NAME .EQ. SUCH) GOTO 50
   30 CONTINUE
*
   40 PRINT*, 'NAME NICHT IN DATEI'
      GOTO 20
   50 PRINT*, NAME, NR
      GOTO 20
   60 END
```

50. BINAERES SUCHEN AUFGABE

```
      PROGRAM BSUCH
      CHARACTER NAME*40
      DATA MIN, MAX /1, 10/
      OPEN(UNIT=10,FILE='KUNDEN',STATUS='OLD',
     1 ACCESS='DIRECT',RECL=44,FORM='UNFORMATTED')
*
      PRINT*, 'GESUCHTE ORD.NR. EINGEBEN.'
      READ*, NRSUCH
*
   10 MITTEL = (MIN + MAX)/2
      READ(10, REC = MITTEL) NRDAT, NAME
      IF(NRDAT .EQ. NRSUCH) GOTO 20
       IF(NRDAT .LT. NRSUCH) THEN
        MIN = MITTEL
       ELSE
        MAX = MITTEL
       END IF
       GOTO 10
*
   20 PRINT*, NRDAT, NAME
      END
```

WEITERFÜHRENDE LITERATUR

[1] ANSI X3.9-1978 Programming Language FORTRAN.
     New York. 1978
[2] Bauknecht, K.; Zehnder, O.A.: Grundzüge der Datenverarbeitung. Stuttgart 1983
[3] Becker, J.; u.a.: Numerische Mathematik für Ingenieure. Stuttgart 1977
[4] Brauch, W.; Dreyer, H.J.; Haacke, W.: Mathematik für Ingenieure. Stuttgart 1985
[5] DIN 66 027, Programmiersprache FORTRAN. Berlin 1980
[6] DIN Taschenbücher Nr. 25 und 125, Informationsverarbeitung 1 und 2. Berlin 1978
[7] Dworatschek, S.: Grundlagen der Datenverarbeitung. Berlin 1977
[8] Hume, J.; Holt, R.: Programming FORTRAN 77. Reston 1979
[9] IBM: Virtual Machine System Product: CMS Primer
     SC24-5236 New York 1982
[10] IBM: VS FORTRAN Application Programming: Guide
     SC26-3985 New York 1982
[11] Jordan, W.; Urban, H.: Strukturierte Programmierung. Berlin 1978
[12] Kießling, I.; Lowes, M.: Programmierung mit FORTRAN 77. Stuttgart 1983
[13] Kimm, R.; u.a.: Einführung in Software Engeneering. Berlin 1979
[14] Kohler, H.: FORTRAN Trainer. Braunschweig 1983
[15] Lutz, T.: Grundlagen der Datenverarbeitung. Berlin (IBM) 1980
[16] Meissner, L.P.; Organick, E.I.: FORTRAN 77. Reading 1982
[17] Nicolet, F.L.: Informatik für Ingenieure. Berlin 1980
[18] Niemeyer, G.: Dateiorganisation und -verarbeitung. München 1975
[19] Schlageter, G.; Stucky, W.: Datenbanksysteme. Stuttgart 1983
[20] Selder, H.: Einführung in die numerische Mathematik. München 1979
[21] Singer, F.: Programmieren in der Praxis. Stuttgart 1980
[22] Stetter, F.: Softwaretechnologie. Mannheim 1981
[23] Wirth, N.: Systematisches Programmieren. Stuttgart 1983

SACHVERZEICHNIS

Aus Beispielen und Aufgaben werden keine Stichworte angegeben.

Abfrage, Datei 174
Ablauflinie 43
ABS, ACOS 84
Adresse 22, 29, 39, 95
AND 86
ANINT 84
Anweisung 12, 88
-- sfunktion 150
-- snummer 88
-- teil 90
Anwendungssoftware 24
APL, APT 30
ASIN, ATAN 84
Aufruf 149
Ausdruck 42, 85, 87
Ausgabe/anweisung 41, 91 f
-- gerät 16 ff
-- werk 21

BACKSPACE 174
BASIC 29
Bedingung 43, 87
-- sschleife 45
Befehl 28
Bereich 119 ff, 157
Betriebs/art 30 f
-- system 24 ff
Bildschirm 16
Binär/muster 13
-- zeichen 13
Binden, Programm 37
bit 13
Block 175
BLOCK DATA 166
Block-IF 106
bottom up Methode 50
byte 13

CALL 155
CHAR 132
CHARACTER 81, 100, 157
chip 21
CLOSE 173
CMPLX 84
COBOL 30
Codieren 13
COMMON 162
compiler 26
COMPLEX 80, 100

CONTINUE 109
COS, COSH 84

DATA 93
Datei 94 f
-- , intern 132 f
-- nummer 95
-- verarbeitung 171 ff
Daten 12
-- bank 27, 94
-- ende 54, 91
-- fernverarbeitung 23, 26
-- flußplan 35
-- formatbeschreiber 98
-- station 16
DBL 84
Dienstprogramm 26
Digitalrechner 12
DIMENSION 119
Dimensionierung, dynamisch 120, 157
Diskette 20
DO 108
DOUBLE PRECISION 80
Drucker 17

EBCDI-Code 81, 184
Eingabe/anweisung 41, 91 ff
-- geräte 16 ff
-- werk 21
ELSE 106
END 90, 110
ENDFILE 173
END IF 106
EQ, EQU 86, 87
EQUIVALENCE 165
EXAPT 30
EXP 84
Exponentialschreibweise 79
EXTERNAL 160

FALSE 80
Fehler, Programm 52, 182
Feld 94, 98 ff
Festwertspeicher 22
Firmware 14
Folge 45
FORMAT 98

Format/beschreiber 96
-- liste 98 ff
FORTRAN 11, 29, 75 ff
FUNCTION 151
Funktions-UP 83, 149 ff

GE 87
GOTO 104, 110
graphische Ausgabe 135 ff
-- Datenverarbeitung 27
Grenzstelle 43
Grundprogramm 25
GT 87

Hardware 15 ff
Hauptprogramm 89

ICHAR 132
IF 104 ff
Implementieren 34
IMPLICIT 34
INDEX 131
indizierte Variable 119 ff
Information 12
Initialisieren 41
INQUIRE 174
INT 84
INTEGER 78
interpreter 26
INTRINSIC 160

Kanal 23
Kommando 28
Kommentarzeile 89
Konstante 78 ff

Laufvariable 45, 108, 122
LE 87
Leeranweisung 109
Leitwerk 22
LEN 132
Liste 77
Lochkarte, -- streifen 18
LOG 84
LOGICAL 80, 100
Logik 86
LT 87

Magnetband, -- platte 19, 20
Masche 45
Maschinensprache 28
Mehrprogrammbetrieb 31
MOD 84
Modul 48

Name 39, 77, 147
NE, NEQU 86, 87
NINT 84
Normalform 79
NOT 86

Objektprogramm 28
Öffnen, Datei 171
OPEN 171
Operation 83, 86
OR 86

PARAMETER-Anweisung 93
Parameter, UP 148
PASCAL 30
PEARL 30
Peripherie 16 ff
PRINT 92
Problemanalyse 33
PROGRAM 90
Programm 12, 89
-- ablaufplan 38 ff
--, Ausführung 37
-- entwicklung 33 ff
-- iersprache 28 ff
-- ierung, strukturiert 48 ff
-- steuerung 25

Qualitätsmerkmale 50 ff
Quellprogramm 28

READ 91, 96, 174
REAL 79, 84
Rechenwerk 22
Rechner 11, 14 ff
RETURN 151
REWIND 174

Satz 94
Schachteln, Schleifen 46
Schalter, programmiert 72
Schleife 45
-- enanweisung 39, 108 ff
-- --, implizit 122
Schließen, Datei 173
Schlüsselwort 77
Schreiben, Datei 174
Schreibtischtest 53
Schriftzeichen 13
Semantik 75
SIGN, SIN, SINH 84
Sinnbilder, Plan 38 ff
software 24 ff
Speicher 16 ff
-- abbildungsfunktion 121
-- element 22
-- kapazität 19
-- , virtuell 25
Spezifikationsanw. 81, 159 ff
Sprache 28
Sprunganweisung 104 ff
SQRT 84
Standardfunktion 83, 149
Stapelverarbeitung 30
Startprogramm 25
Steueranweisung 104 ff
-- einheit 23
-- liste 96
-- sprache 28
-- ungsformatbeschreiber 102
-- zeichen 102
STOP 110
Struktur 44 ff
SUBROUTINE 155
Syntax 75
System/software 24
-- steuerung 25

TAN, TANH 84
Teilkette 130
Teilnehmerbetrieb 30
Testen, Programm 180 ff
Text/ausdruck 130
-- verarbeitung 130 ff
top down Methode 48
tracing 183
TRUE 80
Typ 78
-- vereinbarung 81

Ueber/gangsstelle 43
-- lauf 86
-- setzer 26, 37
Unter/lauf 86
-- programm 42, 89, 146 ff

Variable, einfach 39, 81
-- , indiziert 119 ff
Vereinbarungsteil 90
Vergleich 87
Verifikationsverfahren 180
Verteiler 110
Verzweigung 42 ff

Wartung 37
Wertzuweisung 40, 93
Wiederholungs/faktor 93, 101
-- schleife 45
WRITE 96, 174

Zahl 78
Zählschleife 45, 108
Zeichen, FORTRAN 76
-- kette 76
Zentral/einheit 20 f
-- speicher 21
Zielbeschreibung 33
Zugriff 19, 95
-- ssteuerung 25
Zuordnungsanweisung 38, 90
Zusammenführung 43
Zweig 45